刚刚好的养育

如何培养高情商的孩子

鱼爸／著

扫描二维码，解锁本书专属数字资源。

福利一：【鱼爸推荐语音】
福利二：【免费测试孩子情商】
福利三：【获取更多有效亲子培养方法】

青岛出版社
QINGDAO PUBLISHING HOUSE

图书在版编目（C I P）数据
刚刚好的养育 ： 如何培养高情商的孩子 / 鱼爸著
. -- 青岛 ： 青岛出版社， 2018.10
ISBN 978-7-5552-7775-0

Ⅰ. ①刚… Ⅱ. ①鱼… Ⅲ. ①情商—能力培养—儿童教育—家庭教育 Ⅳ. ①G78

中国版本图书馆CIP数据核字（2018）第230662号

书　名	刚刚好的养育：如何培养高情商的孩子 GANGGANGHAO DE YANGYU:RUHE PEIYANG GAOQINGSHANG DE HAIZI
著　者	鱼　爸
出版发行	青岛出版社
社　址	青岛市海尔路182号（266061）
本社网址	http://www.qdpub.com
邮购电话	13335059110　0532-68068026
策划编辑	刘海波　田　磊
责任编辑	李园方　张佳妮　肖　雷
责任校对	王　韵　刘百玉　刘　茜
设计制作	毕晓郁
印　刷	青岛新华印刷有限公司
出版日期	2018年10月第1版　2019年1月第2次印刷
开　本	16开（640毫米×960毫米）
印　张	16
字　数	100千
图　数	26幅
书　号	ISBN 978-7-5552-7775-0
定　价	45.00元

编校质量、盗版监督服务电话　4006532017　0532-68068638
建议陈列类别：亲子家教类

作者手记

为什么要做这本书？我打算把它做成什么样子呢？我一定要先讲明白这两个问题。

目前国内畅销的育儿书籍大都是欧美的流行书籍。可我们的孩子与欧美国家的孩子却生活在不同的环境。所以，我一直想做一本接中国地气的育儿书。

我的第一本书有幸在2017年出版，得到了很多朋友的好评。

跟很多用心陪伴孩子成长的父母一样，在陪伴孩子的时间里，我感受到，孩子的成长也会让我们成长。孩子如同天使，能为我们疗伤，哪怕他们不乖、爱发脾气，但他们都如同一面镜子，照出我们自身的问题，就看我们自己愿不愿意改变。

有幸做父母，必须好好修行，才能养育出优秀的孩子。

所以，我最想对父母说的一句话是，“因材施教的养育才是刚刚好的养育，用爱培养出高情商的孩子”。

这也让我有了这本书名字，希望能使大家产生更多的感悟。

在第二本书里，我跟大家谈点什么呢？

首先，有亲子情感录，从爸爸独特的角度，写出妈妈们的悲与喜。爸爸妈妈互相换位思考，家庭有爱的流动，能更好地培养孩子。

正如读者所言：现在很多文章是宝妈们撰写的，虽然能产生共鸣，但鱼爸以一个父亲的思维与视角来提供男性作为丈夫与父亲的思考与实践，令人信服。文章朴实可读。

其次，有育儿路上的思考笔记。

成长中的孩子，他们是如何想的？

他们的行为为什么会这样？

一个小宝宝为什么会喜欢重复做一件事？

为什么我们觉得不错的选择，孩子偏偏要拒绝？

太多的为什么，需要我们去思考。

这些问题绝不是靠父母的权威就能解决的，更不能把问题归咎于孩子我们就能心安理得。

很多问题，答案就在我们自己身上。

当然，这本书也会有父母成长的心路历程，孩子情商培养的历程也是父母的成长历程。

父母这个职业，是不需要考试的，只要你愿意，就能获取资格，可是，并不是每个人都能胜任。

从第一天做爸爸妈妈，我们就开始了一段成长的旅途。

累并快乐着，应该是为人父母者共同的感觉了。

真正参与孩子成长的父母，会感受到自己能收获满满的正能量，还有满满的知识。同时，正是父母用脑思考，用心付出的养育，造就了高情商的孩子。

因为想要做一个有效的父母的内驱力真的会让我们发奋学习的。

如同孩子的成长那样惊人，我们的成长甚至出乎我们的意料。

CONTENTS

二 看见孩子

三 孩子的情商与父母成长

四 孩子的情商与家庭环境

一

“孩子的情商与妈妈的心”

致每个陪睡的妈妈：全世界欠你一个拥抱

1

前几天晚上，我在书桌前码字，已经近 10 点了，儿子还在那里大喊大叫。我以为出了什么事。

过去一看，原来他是在叫妈妈继续给他讲故事，只听他不停地叫着：“妈妈，妈妈！起来，起来！”

而不堪折磨的妈妈应该是无计可施了，已经启动了最后的武器——“装死”，任凭小家伙怎么闹，她都一动不动地躺着。这可是需要很大的承受力和忍耐力的。

我看时间很晚了，就拍了一下儿子的小脑瓜，跟他说：“早点睡，我不希望再听见任何声音，否则爸爸就要惩罚你啦。”

关键时刻，必须由我出手相救才行。否则接下来，他会用各种方法去折腾他可怜的妈妈，比如掏鼻孔、掏耳朵、揪眼皮、扯嘴巴……他还会给妈妈闻自己的臭袜子，在她身上蹦跶。更离谱的是，他会跳起来后再将大屁股狠狠地坐在妈妈身上，但这个动作太危险，被我们多次警告后，他很少用了。

他还有一个“绝招”，就是给妈妈做人工呼吸，有时候口水鼻涕抹妈妈一脸。小家伙折磨人的方法层出不穷，让人应接不暇。

通常我不忙的时候，会在睡前给儿子讲故事，然后将他哄睡。

他从几个月开始就习惯了我唱的催眠曲，效果可谓甚好。《送别》和《天空之城》都是比较安静的曲子，适合睡前听。

而对于陪睡而言，睡着还只是第一步，真的陪睡才是真正考验人的时候。

因为我忙的时候比较多，所以这个任务就落在了妈妈的身上。都说母爱伟大，伟大的爱就体现在这些点滴之间吧。

当妈之前，老婆能一觉睡到天亮，但是自从当了妈，在陪睡的日子里，她几乎没有一个整觉。

我也曾提出要帮她分担，每个人照顾一夜，轮流上岗陪睡。结果每次都坚持不了几天，因为再细心的爸爸，也抵不过妈妈。

孩子常常在我呼呼大睡时自己溜到被窝外，老婆看得心急，就不敢再把这么重要的任务交给我了。

而如今，我白天带娃，晚上熬夜写稿，因此陪睡的重担就压

在了老婆的肩上。

只期待今年下半年能让孩子分房睡，不知那时又会是怎样的折腾和忧心。

2

在孩子出生的头三年里，孩子对母爱的需求是强烈的，他们在妈妈的怀里跟在爸爸怀里的感觉是不一样的。

所以儿子刚出生那会儿，晚上只有睡在妈妈身边才不吵。而且每天晚上，妈妈都要起身喂奶，刚开始的时候一夜要两三次。

低着头、俯着身子，长期这种姿势喂奶的结果是把妈妈变成了一个“驼背”，到现在都能看到喂奶后遗症， 而且，喂奶的时候还不能睡着，要保持绝对清醒。

记得我们老家有一户人家，就是因为媳妇喂奶的时候睡着了，孩子被压住了口鼻而窒息，一家人悲痛欲绝。那时候跟老婆谈及此事，她每晚更是格外小心。

我也是如此。

陪儿子睡觉的时候，有时孩子呼吸轻盈，我就会不自觉地伸过手去摸摸孩子的口鼻，看他还有没有呼吸。

我想很多的父母都这样做过。

3

如果要选出这个世界上最需要耐心和坚忍不拔精神的职业，妈妈这种职业肯定入选。

就拿陪睡这件事来说，夜复一夜，天天如此，不容一点马虎。

春天得捂着，孩子不盖被子要操心；夏天虽然热，但不盖着肚子也操心，特别是空调房内，更是要小心翼翼；秋天天气转凉，踢被子容易感冒；冬天呢，孩子不会踢被子了，但又担心孩子冻着，总是要去给孩子裹好被子才放心。

如果孩子生病了，那陪睡就直接升级成了一场战斗。

甚至不能说是陪睡，因为根本不敢睡。比如，孩子发烧了，妈妈就要给孩子量体温、换退烧贴，每隔几个小时喂药。

如果高烧不退，看着那吓人的温度计读数，就得想着是不是该送医院，忧心忡忡之余，还得头脑清醒。

每一个妈妈都是这样过来的，沉默而伟大，只有懂得的人才知道这种伟大的艰难。

如果一个女孩当了妈妈，请你把以前的那个她忘掉吧。那时候娇弱惹人怜，如今常常强悍如老虎。“女子本弱，为母则刚”，这个女人，为了孩子可以做任何的事情。

汶川大地震中有一位母亲，当抢救人员发现她时，她已经死亡多时了。但透过那一堆废墟的间隙，大家可以看到她死亡时的姿势：双膝跪地，双手扶着地支撑着身体，像古人行跪拜礼。

救援人员小心地把挡着她的废墟清理开，发现她身体下面有一个小被子，而小被子里有一个三四个月大的孩子。因为母亲身体的庇护，他毫发未伤，仍在安静地睡着。

随行的医生解开被子准备做些检查，发现有一部手机塞在被子里。医生看了下手机屏幕，发现屏幕上是一条已经写好的短信："亲爱的宝贝，如果你能活着，一定要记住我爱你。"

看惯了生离死别的医生却在这一刻落泪了。

这就是母爱。

4

我觉得这个世界亏欠妈妈们很多很多。

如果你问一个妈妈最需要的是什么？

很多妈妈需要的不是金银首饰，也不是时尚服装，更不是香水化妆品，而是好好地睡一觉，真正毫无挂念地好好睡一觉。

所以，如果你真的爱自己的妻子，那就多带带孩子吧。

所以，如果你想问一个女人为什么不想生二胎，那么请先看看她是怎么走过这段为母之路的吧。

如果一个女人愿意生二胎，那真的是出于爱，因为痛过一次，再痛一次，需要的不仅仅是勇气。

老婆说："刚生完孩子时，觉得分娩那天是最痛最苦的。后来才知道，带孩子才是最苦最累的。特别是孩子出生后的第一年。"

我怀着深深的敬意和爱意，理解每一位妈妈的不易。

致每个陪睡的妈妈：全世界欠你一个拥抱。

因为你们给了孩子最完美的爱，没有什么可以取代。

妈妈怎样做，孩子感到有福气，扫码了解一下。

再苦再难，也一定要亲自带孩子

1

记得那时刚刚毕业没多久，有一次老同学聚餐，一个同学带了自己的男朋友过来。

当时大家一起吃饭，畅谈人生理想。谈到孩子，我说自己生的孩子，还是自己养好一些。

那位仁兄当时酒杯一碰说：“没必要，孩子又不懂事，直接给老人带省事多了。带孩子太麻烦了。何况几岁的孩子是没有记忆的，谁带都一样。”

我们当时听了这番“阔论”，不知如何作答。

但如果我是女人，冲他这番话，铁定要和他分手。因为我一直觉得，再苦再难，也要亲自养大自己的孩子。

我想，对一个孩子最大的伤害，是在孩子最需要你的时候，你却选择视而不见。

而在孩子长大后不需要你的时候，你却紧紧跟着，步步相逼。

在孩子 0 到 6 岁之间，他们是想紧紧地跟着父母的——睡觉需要抱抱、需要讲故事、需要陪伴……等过了这一段时间，老天给我们做父母的有效时间就会被收回去了。

那时孩子有了自己的朋友、生活圈子、兴趣爱好，他们开始更加独立，不再缠着你了。

特别是到了高中和大学阶段，我们只能在后边默默地看着、等待着。

所以，请一定要珍惜跟孩子在一起的时光，再难，也要亲自带孩子。

因为如果在孩子需要的时候，父母忽略了对他们的教养，那么将来孩子再怎么叛逆，父母也只有摇头叹息了。

2

我曾见过很多留守孩子，心里很不是滋味。

可悲的是，很多父母把这些孩子当作不懂事的小动物看待，而没有去考虑他们是一个完整的人。

自体心理学研究发现，1 岁的婴儿已经是一个完整的人，而非一个什么都不懂、只知道吃喝拉撒的小动物。

当父母忽视了孩子的完整人格时，就会心安理得地去伤害孩子，忽视孩子的内心需求。

前几天，我跟一个小学时的伙伴聊天，他说马上就要生二胎了。

我问他孩子是谁在带呢。

他说送回家里，给老人带3年，然后自己带过来读幼儿园，老大就是这样养的，老二也会照旧。

可是，他家老大会怎么想？

我记得他们家老大。

那是一个春节，我路过他家，刚好碰见他家的老人，就聊了会儿。

那个孩子当时快3岁了，见到我，赶紧躲到了奶奶的背后，怯生生地望着我。

奶奶说：“叫叔叔，快叫呀，他是你爸爸的朋友。”

我说：“不用叫，没关系的。”

“这孩子，平时挺懂事的，就是不敢叫人、胆小。”奶奶在一旁说。

孩子那怯生生的眼神，让我一直忘不了。

也是在前段时间，老家那边有事，我妈回去了一趟，回来就跟我说起外婆家那边一个孩子的故事。

那个孩子刚刚两岁，很乖。

“那个孩子长得很可爱，一双大大的眼睛，看上去就很聪明。

不需要人喂饭，一碗白米饭放一点汤就能自己吃半碗。尿裤子了怕被打，就躲起来，但还是被抓住挨了打。挨打了那个孩子也不哭，因为不敢哭，哭了打得更凶。”

这个孩子的父母在外打工，所以被寄养在妈妈的一个姑姑家。

老人家里总共有 3 个孩子，所以这个“外来”的孩子更要懂事才行。

大家都说那孩子太乖，真懂事，好带。

我却觉得这个孩子是那么可怜，从小就被压抑着，要讨好养育自己的人。

在这样的环境中成长，今后心理肯定会出问题。

心理学家温尼科特在谈及个体发展时提到：“孩子生命头几年的情感发展构成了人类个体心理健康的基础。”

很多案例表明：大部分问题孩子，小时候都常常表现出压抑性的乖巧。而到了青春期，他们往往容易发展出反社会人格，叛逆，形成不良癖好等。

孩子的内心就好像一座花园，小的时候没有埋下爱的种子，没有给以阳光雨露，没有呵护，那里就会黑暗蔓延、杂草丛生。很多父母等孩子大了才发现这一点，一切都来不及了。

等孩子大了之后，父母们当年偷的懒都会变成对自己的惩罚。

3

孩子那小小的心里有着怎样的感受？

在很早的时候，我写过一篇小诗《妈妈，可惜你不在》，试着从一个孩子的角度写孩子们的渴望，也是写给因为工作或者种种其他原因不能和孩子在一起的父母们的小诗。

妈妈，可惜你不在。
妈妈，
我伸出我的小手，
想抓住你的脸，
但你不在。

我兴奋地奔到房间里，
想告诉你我发现的秘密，
但你不在。

妈妈，
我想告诉小伙伴，
我的妈妈很美，
但你不在。

我很想你，
但我装作不想你，

因为我怕我会难受，
又嘟起了小嘴。
我在甜甜的梦里，
梦见你。

我在路旁听呼啸而过的客车，
等你。
我常常在朦胧的晨光里，
在半睡半醒的迷糊中，
与你告别。

每次我仰起我的小脸，
装作很不在乎的样子，
与你告别。

我也在夜幕快合拢的时候，
在快入睡的蒙胧中，
以为抱着你。
可我醒来，
还是发现，
你不在。

妈妈，
我每天都会想你很多很多遍，
可就是不知如何说出口。

每读一次，我都有不同的感触。

因为我们每个人内心都住着一个孩子，一个幸福的或者不幸福的孩子。

4

只有当自己带孩子的时候，你才能慢慢走进孩子的内心。

有一个妈妈说孩子和自己不亲，带不了。

那是因为孩子感受不到你的爱。

如果你不自己带，你会发现孩子浑身都是问题，因为你根本就不了解他。

所以你在怪罪孩子的时候，先扪心自问自己是否真的懂面前的这个孩子。

如果你没有亲自抚养自己的孩子，很难说你是真正意义上的父母，你只是生过孩子的父母而已。

对孩子来说，你生而不养，他与孤儿无异。

父母一定要自己承担起养育孩子的责任，孩子是投奔你而来的，而不是爷爷奶奶。

做父母，是一件不轻松的活，没有捷径可走。但是千百年来，这个世界还是有无数含辛茹苦抚养孩子的父母。亲手抚养孩子的快乐和满足，是任何工作都比不了的。

而这种爱，也是无法替代的。

谁能给妈妈放个假

1

前几天，一个爸爸加了我的微信，说孩子刚刚几个月，但是老婆的脾气很不好。

有时候孩子哭，她也跟着哭，他一指责，她就说“你没带孩子你不懂”。

而实际上，他还是一个比较懂事的爸爸，常常给孩子拍嗝、换尿布。但他说不想吵架，就选择躲避和冷战。

我问他：“有老人帮忙吗？”

“没有，平时就老婆一个人带，我也要上班。”

当时他一说这个答案，我仿佛就看到了自己当年的情况。

那时候儿子五六个月大，我们觉得自己能胜任，就开始自己带他。

老婆每天笑呵呵地带着娃，上班的我也没有想象到一个妈妈带孩子会有多难。

可是真实的情况是很难、很累。

在这种情况下，还要妈妈们脾气好，如同恋爱时那样小鸟依人，那是不可能的。

所以我跟那位爸爸说，如果选择自己带孩子，就要理解妻子的难处，有气得受着。

因为她的坏情绪不倒给你，就会倒给孩子。你不能沉默，不能以为冷战能换来平和，因为这样反而会让一个焦躁的妈妈陷入更深的抑郁。

你也不能躲着，不能很晚才回家，因为那样只会让情况变得更糟糕。

请一定努力陪她度过这段最艰难的时光。

2

还有多少妈妈，在坚强地笑着。

我因为熬夜的缘故，早上起得比较晚，所以早餐吃得也比较晚，有一次等到我去吃粉的时候，已经有不少人了。

我看见一个妈妈腰间捆着一个单腰凳，一手提着菜篮子，手腕子上还挂着几袋水果，另一只手环抱着一个小宝宝。

刚刚落座，她就把东西一放，马上抱着孩子又出门了。

她着急地跟老板说："我的钱包掉了，麻烦帮我看下东西。"

说完，她便神色匆匆地走了。

突然想起老婆跟我说的带孩子出门买菜的情景。那时我们还没有准备腰凳，孩子完全靠她用手抱着，所以掉了东西她都无法弯下腰去捡起。只有真的见过这些妈妈的难处，我们才能感受到养孩子的不易。

没有亲自带孩子，永远不会有这样的感受。

等那个妈妈回来时，桌上的粉已经微凉，而墙上的时针已经指向11。怀里的孩子很乖，安静地看着妈妈吃着早餐。

这个妈妈还欢快地说起今天的水果新鲜，多买了一点，没想到把钱包掉了。

吃完之后，她又要把孩子交给老板抱一会儿，因为她得捆上腰凳。

每天她都要不断地重复这样的动作，即使在闷热的五月，她也要穿着厚厚的"铠甲"，在临近中午吃着早餐，而在中午之后才能吃上午餐。

我们只看到一个安静而可爱的小婴儿正在一个开心的妈妈的怀里享受着阳光般的爱，我们只看到满满的幸福。

而她背后的艰辛和她偷偷揩去的泪水，只有她自己知道吧。

3

谁能给妈妈放一个假?

我想,妈妈是没有假期的,特别是在孩子小的时候,全年无休,24 小时待命。

就算自己因为工作或者其他原因不得不跟自己的孩子分别,她的心里最惦记的还是孩子。

还记得那时候,儿子有一段时间住在乡下奶奶家,我们只能每周末回去看他。

有时候哪怕只有一天的假期,老婆也要晚上赶到家,陪儿子一晚,第二天天还没亮起床赶车去上班。

跟孩子在一起的时间只有几个小时,而在路上要十几个小时。

在那些冬季的早晨,窗外寒风呼啸,跟孩子吻别的妈妈,带着满满的挂念离开。

当了妈妈,哪里还有假期啊!

如今到了周末,老婆一放假,儿子就黏着她:“妈妈,妈妈!”

有了孩子,妈妈的周末比平时更忙、更忙。

当了妈妈,就算很老很老了,也是没有假期的。

我的奶奶今年 77 岁,只要自己快 60 岁的儿子一段时间没打电话给她,就急得要我们帮她联系,非得拿到消息不可。

妈妈的心里永远装着孩子,而孩子却往往会因为工作太忙而忘记向妈妈问好。

这些日渐老去的妈妈们，看上去已经有大把大把的假期了，可是她们的心从没停下对孩子们的牵挂。

每次我打电话过去，她总是要问："你好吗？小家伙听话吗？又做了不好的梦，真担心你们。常常打个电话啊！"

4

我想，每个爸爸都要努力，偶尔给妈妈们放个"假"。

这可不是国家的法定假日，而是一个爱的假日。

当她们真的累了的时候，把孩子哄过来，霸气地跟他说："放开那个女人，冲我来。"

当他的注意力被转移后，孩子往往就会来折腾你了。

在我们家，我就常常对晚上趁妈妈躺下时在她身上蹦跶的儿子说这句话。

然后我们就去另一间房，要么讲几册故事书，要么"打架"，要么看一集我俩都喜欢的动画片。

当孩子要入学了，要进入暑假了，抽点时间准备准备，做一个计划，不能让妈妈一个人单挑。

女人固然有女人的细心和耐心，可经验都是一点点努力积累起来的。

你不能丢一句“我不懂，我不管”，然后去自己的世界玩手机、搞聚会、躲清净。

要知道，多一个人参谋和分担，总是胜过一个人的彷徨和辛苦。

当她们冲孩子发脾气的时候，请不要指责，请站在她这一边，理解她的心情，事后再提醒她，是不是可以换一种方式。

要让孩子看到你对她的支持。

因为世界上最冷静、最克制、最温柔的妈妈也会有脾气的，我们不能只看到她的脾气，而应该想想如何帮帮她。

有了爸爸的支持和理解，我想，妈妈肯定会少很多负能量。

如果你爱你的孩子，那就先好好爱他的妈妈，如果你爱这个家，更要好好体谅你的妻子。

爸爸的用心和努力，才能让妈妈真正拥有一个“假”。

一个妈妈最心酸的一年是怎样的

1

一个女人生完孩子的第一年，是怎样的一番感受？

我想每个妈妈都有自己的答案。

而爸爸们却常常不懂，或懂的远远不够。

这一年是苦楚还是甜蜜？

肯定有看着一个小生命慢慢成长的满足，也有生活急剧变化带来的焦虑和抑郁。

各种矛盾激发，人心冷暖被现实照得一清二楚。

所以有人说，孩子哪里是爱情的结晶，明明是爱情的照妖镜。

这是艰难的一年，很多妈妈熬了过来，但是在心口割下了伤痕，还有的人，最后还是没有熬过来。

前几天看到一篇文章——《我们终究没有熬过，生完孩子的第一年》，颇有感触。

“其实二人世界也没有什么太多的家务，无非就是洗衣、做饭、擦地板，洁癖惯了的我倒也想不起来要找另一个人分担一下。

“即使在我怀孕七八个月的时候，就算跪在地上擦地板，也想不起来要指使丈夫来做家务。

“恰恰是我这样的勤劳犯下了大错。他好像一直没有认清自己已经组建了一个新的家庭，需要对新的家庭负责。”

因为生了女儿，对婆婆言听计从的丈夫要求妻子再生一胎，没有得到同意后，他便变本加厉地进行冷暴力。

最后妻子选择了离婚，自己带着女儿。她说还会再婚，还是会选择嫁给爱情。

这是一个坚强的女人。

但是她这坚强的背后，是多少堆积的伤痕？

要知道，再坚强的女人也有她的软肋，也需要有人疼。

2

一个妈妈最酸楚的一年应该就是生完孩子的第一年。

有男人埋怨老婆生完孩子后脾气变得很暴躁，无法适应。

有时还动不动就情绪低落，孩子一哭自己也跟着哭，不可理喻。

但他们有没有想过“产后抑郁”这个词？

提及这个词，有人觉得太作，特别是有的老人会说：“我们那时候生七八个也没见谁抑郁，还不是娇生惯养惯出来的毛病？”

可是，很多妈妈其实已经走到了抑郁的边缘，在那里游荡。

生完孩子之后，大家更加关注的是孩子，却极少关注妈妈的内心需求。

记得那时候老婆带儿子回乡下住了一段时间。

我当时忙于工作，加之初为人父，平日里也只是电话里嘘寒问暖，问儿子的情况多于询问老婆的情况。

当老婆说要过来的时候，我还不高兴，说在家里有老人照顾挺好的，到我这边以后，白天没有人做饭，她还要独自带娃，比原来更辛苦。

我就觉得她这是自讨苦吃，但是当我回去接她的时候，我庆幸自己还是听了她的话。

因为她不适应那里的生活。那里没有朋友可以说话，只有一个咿呀咿呀的孩子陪着她。

我妈那时候也明显没有进入角色，孩子一哭就抱去让老婆喂奶，中午照旧大睡，有时孩子没哭，她就出去溜达。

老妈每天做一日三餐就算大功告成，带孩子的时候不多。而晚上也是老婆哄睡孩子、给孩子喂奶。

没有睡好的老婆，中午还要哄哭闹的孩子。整个人没有好好休息过一天，变得精神紧张。

而且那时我们也没有做足准备。

只记得给孩子准备衣物、奶粉，老婆换洗的衣物都不足，她就在家里套了一件又粗又旧的衣服。我当时还问她怎么穿这样的衣服，丑死了，她回来后说，谁还在乎衣服的美丑，那时候感觉内心都熬不下去了。

谁知道她那段时间是怎么过来的。

我如今想起，依然感觉到抑郁的影子在她身边徘徊。

回来后，她也过得很辛苦。

一个人抱着娃爬楼买菜，还要做饭喂奶，24 小时照顾孩子。

这些都是一个妈妈愿意承担的责任，但是，她也需要有人搭一把手，关注她内心的情感需求。

婆婆再好的照顾也比不上丈夫的慰藉。

所以我会跟每一个即将做爸爸的朋友说：“身为男人，一定要帮助妻子度过这个最艰难的时期，这是你最大的爱和责任。”

再苦，一家人也要在一起，一起养大孩子。

3

每个妈妈生完孩子后都怕没奶喂孩子。

记得那时候老婆刚刚生了儿子没多久，也是奶水不足，每听到一个建议，都恨不得马上就试一下。

如今，如果你给她端上一碗泥鳅煮鸡蛋，她肯定闻味就会吐，因为那时岳母天天做这道汤。

但当时的她，为了孩子大碗大碗地喝，哪怕不愿意喝，也硬着头皮喝。那时儿子胖嘟嘟的，喂养得很好。周围人都说这个妈妈是个模范妈妈。

那时她还喝过大碗大碗的鸡汤、墨鱼汤、骨头汤。

随着孩子一起长的是妈妈的体重。

哪个女人不爱美呢？但是为了孩子，妈妈们都默默地承受了。

当孩子到了七八个月大的时候，妈妈们又面临着上班还是带娃的选择。

可惜，没有哪个单位的产假是休一年。

老婆原本也打算让孩子喝上一年母乳。

但那时候我们的工资收入都不高，如果靠我一个人上班，日子会过得紧巴巴的，而且她也不想放弃自己的工作。

怎么办？

上网买了冷藏箱，买了储奶袋，老婆开始做背奶妈妈。

每天在家里挤一两袋，在公司挤一两袋……

在那酷热的夏日，她每天都是背着两个包上班下班。

而最难过的还是每天早晨跟孩子分开的瞬间，谁会舍得呢？

4

当孩子在怀里慢慢长大，我们会看到一个越来越强大的女人。

当年的那些负重前行的日子，如今能坦然提起。只是那段日子里，经历过的事和人，还是会永生难忘吧？

有了孩子后的第一年，一个女人成了妈妈，一个男人成了爸爸，这是多么神奇的一次蜕变。

如果能勇敢面对，共同分担，那是一段宝贵的、同甘共苦的经历，多年以后，会一直记在心头。

过日子，不能一直激情四射，总归还是会回到平平淡淡。

你在厨房做饭，我抱着孩子玩耍；我给孩子读故事，你在一旁听着、笑着；我在冲奶，你在换尿片……

这样的分担能抚平伤疤、驱赶抑郁、温暖彼此。

就是这样的平常时光，在不断重复着，积累成了日子。

愿你永不忘执子之手、与子偕老的初心。

妈妈也是第一次当妈妈，请你别怪她

1

母亲节前夕，有一个妈妈在朋友圈发了一段话，让我非常感动。

“亲爱的宝贝，我又冲你发了脾气，事后才知道是妈妈误会了你，真的对不起，但是你又听不懂我的道歉。

我知道如果你能听懂，会很快地原谅妈妈的。

真的对不起，妈妈也是第一次当妈妈，怕你受伤，又怕你被我宠坏，怕的事情太多太多，我真的怕做得不好。

可是，我想做个好妈妈。”

做一个好妈妈，应该是很多妈妈的心愿，但做好真难。

我们常常会听到：

“你这个妈怎么当的？”

“孩子又感冒了。”

“孩子又瘦了。”

“孩子又变得不听话了。”

……

好像那个生了孩子的女人，天生就会当妈妈，当孩子出了问题，一切都是妈妈的错。

这是多么不公呀！

妈妈背后的艰辛，又有多少人看得到？

2

每一个妈妈都曾是一个烂漫的少女，逛街、唱歌、聚会，化个浓妆……

可是有一天，当一个女孩知道自己怀孕了："我要当妈妈了！"她的心情是怎样的？我想担忧甚至要多于喜悦呢。

一个小生命在自己的体内孕育，那是一种多大的责任。

记得那时候老婆刚刚怀孕，做什么事都小心翼翼。

我们都跟老天祈祷，千万不要感冒了，结果她还是患上了感冒，鼻塞头疼。

我带她去医院看医生，医生一听是一个刚刚怀孕的妈妈，马上就把药收了回去，重新开了一些中药，但还是善意地建议我们多喝水，好好休息，能扛住的话，就不要服药。

那几天，老婆真的扛住了。她没有吃药，完全是靠意志力取胜。

那应该是我们最难忘也是老婆最辛苦的一段日子吧。

刚好赶上了夏天，去医院检查，结果是要静卧半个月。

我们又刚刚参加工作，还住在租来的顶层的房子里。

闷热且心忧，她小心翼翼地孕育着这个小生命。如今想起，甚是不易。

一个曾经娇气而柔弱的女孩，慢慢地不见了；一个新手妈妈慢慢地成长着。

而做了妈妈，只要一开始，就是一辈子。

3

每一位妈妈都是宇宙中最英勇的战士。

记得那时候我一直在陪护在产房，我能看到豆大的汗珠从老婆的额头滚落。

第一次看到她如此疼痛却又无能为力，只能抓着她的手，紧紧地抓住，希望能传递一点力量给她。

分娩的痛与险是众所周知的，生产的过程其实是妈妈用生命在迎接一个新生命的到来，而真正考验妈妈的是今后那漫长的带娃之路。

头一年是最难过的一年。

孩子怎么抱？怎么喂奶不会压着孩子？孩子为什么又哭了？应该给孩子吃点什么辅食？孩子又几天没有拉屁屁了，怎么办？

……

我们常常会看到一个焦虑的新手妈妈，满脸挂着问号，手忙脚乱。

但妈妈也是第一次当妈妈，请一定要等等她、帮帮她。

不要以为生了孩子的妈妈都天生会带孩子，当老婆生怕弄伤这个新生的柔软宝宝时，换尿布的工作就落在了我这个胆大的爸爸和有经验的外婆身上。

不要责怪一个新手妈妈不敢自己抱孩子，她只是需要经过一个过程，慢慢地去学会怎么托起这个小小的、娇弱的生命。

当孩子到了会跑会跳的年龄，妈妈的担忧又来了。

孩子会喜欢幼儿园吗？

孩子打架怎么办？

孩子被欺负怎么办？

孩子为什么会胆小？

孩子为什么这么大脾气？

孩子生病了怎么办？

……

这样的问题，更让妈妈焦头烂额。

带孩子几年下来，我发现，再牛的育儿理论也搞不定现实的变化多端，每一种经验都要用时间和精力去换取，而这中间夹着多少担忧、心伤和眼泪啊！

当孩子生病了，妈妈是恨不得自己替孩子生病，盼望孩子早点好起来。一次次地问诊，又心急地观察用药。

记得儿子有一次患了手足口病，因为在乡下奶奶家而耽误了治疗时间。后来来到市妇幼医院，医生做了检查，征求我们意见，问要不要叫救护车去省儿童医院。

一听到救护车三个字，我当时就吓蒙了，但在老婆面前，我还是坚定地说没那么严重，我们自己去。

可我心里一直打鼓，抱着儿子，赶紧跑了过去。

路上瘦弱的孩子看到高楼还兴奋地指指点点。

我勉强挤出笑容给他，而妈妈的眼里，已经急出了泪花。

带孩子的路上，面对一次又一次的考验，我们如同奔赴战场一样，不能退缩。

只为了孩子能健康平安地长大。

4

当孩子大了，妈妈就能放心了吗？

孩子的学习成绩怎样提高?

孩子早恋了怎么办?

叛逆期怎样应对?

孩子变坏了怎么办？

……

更多的担忧袭来。妈妈柔弱的肩膀怎么承受得住?

每个妈妈有自己爱孩子的方式，有时显得特别唠叨。

每次我带儿子洗完澡穿衣服的时候，老婆总是会问儿子：

“洗了脸吗？”

“洗了脖子吗？”

每次我都哭笑不得。儿子也觉得妈妈太唠叨，洗澡怎么会不洗脖子呢?

可结果呢?

有时我给儿子洗了前面的脖子，而他后脖颈上还是有一串“黑珍珠项链”若隐若现。

我明白了，千万不要嫌弃妈妈唠叨。

她唠叨，因为她更细心。

每个妈妈都爱着自己的孩子，可是能够爱，并不是说妈妈不累。

累并快乐着，应该是每个妈妈最真实的感受。

当你看到一个妈妈牵着孩子开心地在公园玩，画面很美，可背后的点点辛酸，只有带过孩子的人才会懂得。

千万不要问我这个爸爸是怎么知道的，因为我是在自己带孩子的过程中，真真切切地感受到了妈妈们的感受。

在这条路上，不能让妈妈孤军奋战，她们需要家庭的温暖和爱，需要理解和支持。

当妈妈对儿子发了脾气，儿子会赌气扭头不理，我会安慰儿子：

“妈妈发脾气不对，我们可以跟她好好讲。可千万不要生妈妈的气，因为妈妈是世界上最爱你的人。”

我们不应该只在母亲节问候，对妈妈的关心应该是每天的细水长流，妈妈才会感到快乐。

孩子，妈妈也是第一次做妈妈，请不要怪她。

你要好好地爱她，如果要给这个爱加一个期限的话，我希望是一辈子……

妈妈，你怎么凶我，我都爱你

1

猜猜看！这世上有哪个人，你怎么凶他，他都爱你？

你的下属？

不可能，背地里他也许把你骂了无数次。

老公？

这个概率很小，前提是他真的爱你，能让着你。

这个人到底会是谁？

这是前几天在群内看到一个妈妈提的问题，说是脑筋急转弯，考考大家。

但当她把答案说出来的时候，很多人沉默了，还有的人默默地擦眼泪去了。

答案是：我们的孩子！你怎么凶他，他都爱你。

她说自己心情不好的时候，会避开孩子，甚至会对孩子发脾

气；但是孩子心情不好的时候，她却阻止他发脾气，还会批评他。

可是孩子不但不讨厌自己，还要想方设法讨好妈妈，还跟她说：“妈妈，我原谅你，因为我永远爱你。”

很多妈妈，在没当妈妈前，总觉得“母爱是世上最伟大的爱”，一定要好好爱孩子。

但是当妈后才发现，其实还有一种爱比母爱更单纯、更暖心，那就是孩子对妈妈的爱。

2

你有没有凶过孩子？

答案几乎是肯定的。

出于各种原因，我们的坏情绪会被点燃，理智和爱已然靠边站，只有怒吼在耳边激荡。

你真的是因为爱孩子才发火的吗？

很多时候，孩子的爱没有变，我们的爱却变味了。

有一个妈妈分享过一件事，说自己非常后悔。

有一次，她带着 4 岁的儿子去参加一场聚会。多年没见的好朋友生了一个小宝宝，肉墩墩的，很可爱，于是她就抱着，又是亲又是逗的，儿子在一旁沉默不语。

过了一会上菜了，儿子抓了一只虾放在碗里。

还没开始吃，她就教训了起来："手也不洗，你知道有多脏吗？不要把大家的菜弄脏了！"

这时候孩子的眼泪大颗大颗地掉了下来，看上去非常委屈，比以往任何时候都哭得伤心。

回家后她很纳闷，自己这样说几句不行吗？

平时骂得更凶也没见他哭成这样呀！于是便问儿子原因。

孩子很难过地说："妈妈，你变了，你不爱我了。"

"怎么会呢？我是你的妈妈，怎么会不爱你了？"

"那你为什么喜欢那个小弟弟，却不喜欢我呢？你总是骂我，很久都没有说我好了。"

这一次，妈妈心里像打翻了五味瓶，不知道是什么滋味了。

想起自己是很久没有抱过孩子，更没有像以前那样表扬鼓励他了。

当孩子拿着自己画好的画给她看的时候，她说："画得还行！"然后就没了下文；孩子主动做了家务活，却没有得到任何鼓励；

当孩子将自己拼好的玩具模型拿给她看，她说："有人比你拼得要好。"她甚至连给孩子讲故事的环节都取消了。

她说真不知自己是怎么了！真的是自己太忙了吗？

还是孩子变了呢？变得不再可爱，变得惹人讨厌了？

其实孩子没变，变的只是大人。

很多孩子被妈妈凶了，一定要妈妈哄，爷爷奶奶和爸爸百般努力都于事无补。而妈妈轻轻地搂抱，或者摸摸他的头，跟他说“没事了，其实妈妈也有不对，下次要改正”，孩子瞬间会像变了一个人似的，原地“满血复活”，心情大好。

因为妈妈曾经给过孩子最温暖的爱，所以妈妈轻轻的拥抱、小小的安慰都充满了治愈创伤的魔力。

但我们还是不能辜负孩子的这种爱，应该管理好自己的情绪，给孩子一片明媚的天空。

3

作家刘继荣在一篇文章里写了一件让她尴尬的事：自己女儿在幼儿园的时候用餐控制不住食量，常常吃到胃痛还要求添饭。

旁边有位家长好奇地回过头，望着女儿，脸上的表情似笑非笑。她在老师面前兀自强撑着微笑，心里却暴躁得想找谁大吵一架。

头晕目眩地到了家，倒在床上昏昏入睡， 可不一会儿，女儿的脑袋就在门边闪闪缩缩。

她再也压抑不住内心的暴躁，冲着女儿喊叫：“滚出去，我不想看见你！”

最后却是孩子同班好朋友的父母说出了实情：

“她拼命吃那么多饭，不是傻，也不是贪吃，是因为她觉得妈妈工作很辛苦，她要吃得饱饱的就不会老是生病，会快快长高、长聪明，会给妈妈做饭，帮妈妈拖地，妈妈就不会再烦了。”

得知了真相的她瞬间落泪，这么懂事的孩子，却一直被自己嫌弃。

你怎么凶他，他都爱你，请一定更好地爱他！

因为我们给孩子的爱往往没有孩子给我们的那么多。

4

有时，孩子说的一句话，就能让我们感受到生命的赐予和温暖。

还记得儿子 3 岁多的时候，有一次吃中饭，老婆在上班，我在厨房洗碗，小小的他把碗里剩下的鱼一点点地夹在一起，摆成一堆。

我问儿子在干什么，他一本正经地回答：“我想把这个留给妈妈。”顿时，我的心头涌起一种莫名的感动，一种温暖中带着酸楚的感觉。

在孩子的心里，总是把妈妈摆在一个很重要的位置，远远超过我们的想象。

前几天，带儿子路过家附近的小河，我们从小河汇入大河的交叉口那里经过，我说：“你看看，小河找到自己的好朋友了。”

“爸爸，是不是小河跟大河结婚了？”

“不能说是结婚呢，可以说是交汇或者交融，融合在了一起。”

转念一想，我们真是俗透了的大人，又赶紧补充：“你这样说也对，挺不错的，它们是结婚了吧。”

真的佩服孩子的想象力。

“爸爸，我还想到一个。”得到我鼓励后，儿子又兴致盎然地说着。

“你说说。”

“我觉得像是抱抱，是宝宝跟妈妈抱在了一起，小河是宝宝，大河是妈妈。”

“真的有这感觉呢！不错不错。”我的心里觉得暖暖的。

“我觉得这个比喻比刚才那个好，我觉得就是这样的。”小家伙兴奋地说着。

其实这是孩子内心的爱在驱使他的想象。我们终究会发现，孩子给了我们全部的爱，并且只带一个条件：你也好好爱我吧，永远永远。

你能满足孩子这个条件吗？

一个快乐的妈妈，对孩子有多重要

1

前几天，一位妈妈留言，说自己 8 岁的儿子在日记本里写了一句话:“我觉得自己一点也不开心，妈妈太凶了，只喜欢我妹妹，我觉得她已经不爱我了。”

当时看到这句话，她很难受。

她说儿子 3 岁前一直是奶奶带，这几年老人身体不好，她就辞职在家里自己带。

而前几年，她又不小心怀上了老二，于是就把重心放到了照顾小女儿身上。

一个人带孩子，总是有暴躁的时候，有时儿子作业写不好，她就会发脾气，隔三差五就要凶儿子一顿，这几乎成为了习惯。

“你是不是有很久没对儿子笑了？”我问她。

“是有很久了！偶尔看到女儿童真的笑脸，会冲着女儿笑笑。可是一见儿子就是板着脸。平时孩子上学，本来就是催催催，然后就是凶他的时候多。”

她说自己很累很累，想找个人说话都找不到，丈夫长期出差，忙着挣钱养家，根本帮不到一点儿忙。

遇到孩子有这样的想法，无论是哪个父母，都会伤心，可是，更需要改变的，是大人。

2

其实，每个孩子都有情感需求，而且绝对超过对玩具或者成绩的需求。

遗憾的是，很多父母没有明白，以为给了孩子名牌衣服、高档玩具，孩子就是幸福快乐的，殊不知，孩子的内心一点也不快乐。

可是父母却没有意识到这种错误思维，还是一味地按照原来的模式与孩子相处，严厉而刻板，没有积极响应孩子的情感需求。

其实，孩子出生后几个月就会对母亲的表情非常敏感，他们用手势或者声音发出自己的信号，渴望得到母亲温和而积极的回应。

有了这样的互动，孩子是快乐而满足的。

曼彻斯特大学心理学教授埃德·特洛尼克曾经做过一个非常有名的实验——静止脸实验。

他让一个母亲先和孩子互动，孩子非常开心，积极响应；然后

让母亲再换成一个没有表情的脸，无论孩子怎样做，母亲都一直面无表情。

实验之初，母亲与孩子正常互动，孩子很开心。

静止脸实验开始，母亲面无表情。孩子已经发现不对劲，开始想办法引起母亲注意。

孩子继续尝试让母亲与自己互动，但是母亲仍然面无表情。

最后孩子开始崩溃哭泣。

我记得儿子几个月的时候，躺在他的推车里，我会跟他说话，拿一些东西给他示范，为他表演，表情夸张，笑着闹着。

老人们跟我说没有用，你看孩子没什么回应呢。的确，他就在那躺着，看着我，偶尔给我一个小小的反应。

但是我一直在孩子面前跟他互动着，后来到了五六个月的时候，小家伙像青蛙一样每天弹弹弹，总是乐呵呵的。

在孩子出生的头两个月里，我们给予孩子更多的笑脸，会让他们也学会微笑。

可是孩子如果一直处在一个被消极情绪覆盖的家庭环境里，无论这种情绪是不是针对他们的，孩子都会表现出难以调解的消极情绪。

他们会担忧，父母是不是已经不爱自己了。

3

一个快乐的妈妈是孩子快乐的源泉。

曾在书上看到一段写给妈妈们的话，我读的时候，非常感动：

要知道，你能专注地做好养育宝宝时的那些脏活儿和累活儿，并能从中收获快乐，从宝宝的角度看，是非常重要的事……因为在孩子眼里，柔软的衣物、舒适的洗澡水，都是理所当然要有的。但是为宝宝提供这些条件时，妈妈开心不开心，却不是宝宝能做主的事，这要看妈妈当时的心情和态度。

假如妈妈做这些事时是耐心和快乐的，那对孩子来说，这就像是和煦的阳光洒在身上一样地享受。

所以，养育孩子，要耐心地去做，带着一颗快乐的心，而不是一颗抱怨的心。

假如母亲经常抱怨丈夫事业不如意，抱怨孩子不努力，抱怨生活不幸福，不知不觉她就成了一个“怨妇”妈妈。

你经常对着孩子发脾气，孩子怎么会快乐呢？

“人生不可能一帆风顺的。我们都会犯错的。不管你是谁，改变从你开始。”

千万，千万不要成为一个怨妇妈妈，谁也没有资格在孩子心里种下灰色的种子。

4

一个快乐的妈妈，是一个家的福气。

我们跟孩子在一起的时候，其实有意无意中已经通过自己的行为传输我们的人生价值观，对伴侣以及亲人的态度，或者跟朋友的相处方式，这些都会影响到孩子。

曾记得中央电视台有则公益广告：

一位年轻妈妈在给儿子讲小鸭的故事，讲完后，妈妈去给孩子的奶奶端洗脚水洗脚，那个年幼的孩子见了，便跑去了卫生间……

当妈妈给孩子的奶奶洗完脚，回到自己的房间时，发现儿子不见了。回头一看，只见她的儿子正颤颤巍巍地端着满满的一盆水，蹒跚地走过来，奶声奶气地说：“妈妈，洗脚。”

随后电视画面上跳出了一行字：“其实，父母是孩子最好的老师。”

每次看到这则广告，我都非常感动。

如果你每天回家就是板着脸，看这不顺眼，看那也不顺眼，长期抱怨家里人不理解自己，抱怨生活不如意，诉说自己的痛苦，天天在抱怨里度日，那孩子也会听到，你的抑郁也在一天天灌满他的脑子和心灵。

5

很多孩子出问题的家庭，常常有一些共同的特征。

比如妈妈独立抚养一个或几个孩子，无人分担，妈妈感到精疲力尽、意志消沉，根本就没有时间去满足孩子的情感需求，因为总是有更急迫的事情等着她们去做。比如家里一堆的脏衣服要洗，甚至有的家庭还有一些财务或者感情上的危机需要关注。

这时，很多人会说：“爸爸去哪了？”

的确，缺位的爸爸成为孩子出现心理或者行为问题的一个重要原因。

爸爸是妈妈快乐的最大守护神，一个好爸爸，肯定是爱自己的妻儿的。

他会努力让妈妈感到身体舒服，心情愉快。

要理解妻子的难处，要知道在孩子小的时候，妈妈们几乎不分昼夜地照顾着孩子，而爸爸也许就是带孩子玩玩，脏活儿累活儿却都是妈妈在默默完成。

所以，不管是家庭问题还是孩子的养育问题，爸爸应该站在妈妈的身边，给她支持和替她分担。因为妈妈一个人承担养育孩子的任务，非常辛苦，也是容易出问题的。

谁把孩子带到这个世上，谁就有责任好好爱护他。家里的快乐多一点点，孩子会快乐很多。

二

看见孩子

总吼孩子是一种病，得治

1

有一个妈妈在朋友圈分享：“亲生的就是亲生的啊！上一秒刚刚被我凶，下一秒又在我怀里叫妈妈。”

孩子总是那么轻易地原谅父母。

如果你凶了同事或者亲戚，没一段时间，关系肯定是修补不好的，有的人还会因此与你反目成仇。

也许正是因为能够轻松地获得孩子的原谅，很多父母就觉得吼吼孩子没关系。

还有一部分的父母会说：“我有气，未必要憋着啊，难道要把自己憋死？我们小时候不都是被打骂着长大的，不也很好吗？”

面对这么“有道理”的反问，我也是无话可说。

2

但是你真的知道孩子被吼时的感受吗？

你觉得用大嗓门制造一点噪音，只是为了达到震慑的效果，又觉得自己只是一时失控，内心还是爱孩子的，不是吗？

于是一次又一次地原谅了自己的失控。

但你忘记了自己的身份——孩子最信赖、最爱的爸爸或妈妈。

同样的话从你的口中说出来，杀伤力就成倍地增加。

德国有一本非常出名的绘本——《一生气就大吼大叫的妈妈》，内容是一只可爱的企鹅宝宝向我们讲述它和它妈妈之间的非凡经历。

今天早上，我妈妈发脾气，冲着我生气地大叫。

结果，吓得我全身都散开飞跑了……

我的脑袋飞到了宇宙里，我的肚子落入了大海里，我的嘴巴插在了高山上。

最后发脾气大叫的妈妈又将我找了回去，将我修补好。

妈妈跟我说“对不起”，我也原谅了妈妈。

被父母吼叫伤害的孩子，内心充满了恐惧，甚至会吓得瑟瑟发抖，他们靠着天马行空的神游来逃避令人恐惧的现实世界。

孩子的内心很柔软，小小的他会犯错。

孩子总是愿意原谅“暴力父母”的过错，相信父母是心情不好，不是不爱自己。

善良的孩子站在父母的立场上理解父母，而我们呢，是否也应该控制住自己的脾气？

因为我自己也曾对着孩子发过火，看到孩子害怕的样子，我非常后悔，所以我就想着一定要控制自己的情绪。

吼孩子是一种病，得治！

3

深刻地剖析自己，是治吼的开始。

有很多妈妈都好奇我有没有吼过孩子，当然有。那时初为人父，看到孩子的一些不好的行为，真的控制不住自己。

想想原因，跟自己的原生家庭息息相关。

在我的记忆里，犯错后很少被父母温柔以待，多是打骂相加，甚至没有给我解释的机会。

我很讨厌被这样的方式对待，但是当我有了孩子后，却也常常在心底冒出无名火，想对着孩子发泄一番的念头不停闪现，像极了当年我的父母教育我时的样子。

与之相反的是我的一个老同学。

她父母的好脾气是我们那儿出了名的，对她们姐妹从不打骂，说话温和。

她当了妈妈后，对自己的孩子也是如此，就算小家伙顽劣不堪，她也只是温和地应付，而不是责骂怒吼。

后来我不断剖析自己，为何会这样？我该怎么办？

我不断地深深反思自己。

所以，养孩子是父母的一场修行，真的没错。

要想真正地改变自己，还是得剖析自己，你的反省越深刻，改变的能量越足。

当你自己有了醒悟之后，那些能帮助孩子的方法才会真正管用。

最怕的就是明明知道自己有问题，还打死不承认的人。

以前遇到过一个爸爸，他打完孩子其实也觉得后悔，但就是不肯让步：“谁叫他不听我的，不好好学习我还打！”

他觉得反正自己也是挨打长大的，也没什么。

但他的儿子却越挨打越逆反，他已经觉得力不从心了。

他还是按照自以为是的老方法伤害着孩子，也损害着亲子关系。

4

不要以为发脾气是爱，更不要觉得发脾气是真性情，

真正能管理好自己情绪的人，才是真的有本事，才能成为好父母。

下面分享三个方法来治吼。

第一，给孩子选择题，也是给自己冷静的思考时间。

很多时候，父母吼孩子往往是因为孩子的行为点燃了他们的怒火，

很大一部分原因是：

“孩子不听我的话，跟我对着干！”

“说了这么多次，还是这样！”

“就是得打骂才听，你逼我的啊！”

一切都建立在“我”的基础上：是我需要你这样做，需要你1分钟穿好衣服，需要你回来就做作业，需要你对我言听计从。

可是孩子不是机器人，不是你写入程序就按照你的要求来。

他们会有自己的想法，你为什么不听一下？

他们有自己的节奏，为什么不等一等、看清楚？

他们有自己的思想，会反抗，这都是正常的。

专制的父母总是不给孩子选择，但孩子更喜欢民主的父母。

当你给了他选择，而非控制他，他们更愿意合作，愿意沟通。

当我们给出对方选择的时候，其实也是冷静的。盛怒下的你无法理智地给出选择项。

比如孩子不去洗澡，还想在客厅的沙发上玩。

“还不去洗澡啊，你是不是等着挨打啊！”

这时孩子要么就是赌气不走，要么是用磨磨蹭蹭来反抗你。

为什么不说：“如果你早点洗完澡，我们等会儿的故事时间就能多一点哦，你选择一下，是多讲一会儿还是少讲一会儿呢？”

这个方法对小小鱼很管用。

当我们给了孩子选择，他们就不会觉得是被控制，而是感受到被尊重，而且，他们会考虑自己的得失。

第二，让孩子去承担做出选择后的后果。

“现在的孩子很聪明，精明得很”，这是所有父母的共识。

那我们就让聪明的孩子去管理自己。

有一个好办法就是让孩子承担自然结果，这样比你吼叫有用得多。

很多时候我们禁止孩子做一件事，用得最多的一个办法就是“威胁”：“如果你要这样做，那就等着挨揍吧。”

但是孩子内心反感你这样的威胁，他们反而想尽办法偷偷去做，要么是为了得到你的关注，要么是为了证明自己的能力。

ALPHABET HOME

就拿儿子洗澡这件事来说，我会让他自己去承担磨蹭的结果。

讲睡前故事时，在最精彩的地方我会停下：

“今天的时间到了，因为你今天洗澡前太磨蹭，把时间浪费了。”

小家伙当然不乐意，但是没办法啊，你得接受。

他会想着用哭闹来让我妥协，但我会告诉他，自己做的事，自己承担后果，明天一定要早一点。

到了第二天，只要你一提要求，他马上就去了。

第三，用规矩来惩戒，而不是用你的脾气来震慑。

如果发脾气和讲道理都是无用的管教方法，那就得试试规矩了。

规矩靠它本身的合理性发挥作用，所以定规矩前要跟孩子说明，并且坚决按照规矩来。

不能因为心情好坏而随意制定规矩，然后把规矩作为说教或者专制的工具。

当孩子真正地把规矩内化为行为习惯，他的行为出现偏离的时候，就会自觉改正，而不是靠你吼叫。

比如我给儿子定的三个主要规矩：

自己能做好的事，就自己想办法完成；学习是一件认真的事，不能三心二意；去买零食，一次只可以买一样。

所以当他等着你“伺候”他的时候，拿出规矩就行：自己的事，自己做吧。

而有时候给他辅导学习，他也会分神，要么去玩玩具，要么看家里其他人在干什么。这时要提醒孩子认真学习，把注意力集中了。

而去超市，他从来没有赖着不走，非买哪个东西不可，因为他知道，真正需要的东西，不要说，我们也会买，而不合规矩的需求，吵闹也满足不了。

当然，能让孩子遵守规矩的前提是你跟他之间亲密的关系，这是赢得孩子合作的基础，没有爱，规矩就是冷冰冰的桎梏。

在养育孩子的路上，我们要学会善待孩子，善待孩子其实也是善待内心的那个自己。

当你平和安宁，孩子也会幸福快乐。

请尊重孩子的磨蹭，大部分父母不知道的秘密

1

前几天，有一个妈妈一大早就“火”了。

她的朋友圈是这样的：

早上睡懒觉起个床几十分钟，吃饭半个小时都吃不完，一直磨蹭！给他讲吃完可以玩，一点都听不进去！我苦恼、痛苦、生气！可是没办法，好像自己已经把他惯成这样了！打完他，一会儿又恢复原样了，怎么办？

孩子磨蹭的背后到底隐藏着什么秘密呢？

五一小长假，我没有去外边玩，每天带儿子在附近的公园遛圈。

有一次，我们路过一个捞小鱼的小摊，很多公园都有这个项目。

一个方方正正的铁皮做的小水池里放着一群小金鱼，孩子们就拿着捞鱼的小网在里面捞小鱼。

这很适合两三岁的宝宝锻炼小手的灵活性，可爱的小鱼更是让孩子们爱不释手。

我看到小池边坐了好几个孩子，但有一个穿着黑衣服的小男孩非常惹人注意。

因为他的妈妈一直用手抓着他的小手在池子边比划着，嘴里也没停下："这边，那边，快点，你这么笨，快点，做什么事都慢。"

孩子很不舒服的样子，但站在他背后的妈妈没有察觉到。他们身边的小盆里已经捞了很多鱼，不过都是妈妈的功劳。

真的想说一句，为什么不放手呢？

多少父母一边催着孩子要快点，要求孩子要独立一点，一边又紧紧地抓住孩子的手不放。

孩子完全可以自己慢慢地用小网一直尾随着、跟着一条小鱼，也可以小心翼翼地将它捞起，甚至放过这条吓坏了的小鱼，这都挺好玩的。

可在父母眼里则不然，捞鱼就一定要捞一盆，一网捞上三四条才叫厉害。

儿子以前也经常捞鱼，但我一般交了钱就不管他了。我会静静地看着他，每次他也静静地用自己的节奏捞着。

刚开始他也笨手笨脚的，后来还能一次捞好几条，过来跟我炫耀战利品的时候，我就给他一个大大的赞。

等他的盆里有很多鱼的时候，我会提醒他把鱼儿放回池子里，否则大家就没有鱼可捞了。孩子总是很乐意把小鱼放回去。

很多时候，我们怪孩子动手能力差，磨磨蹭蹭，你有没有想过，是不是自己不敢放手造成的呢？

与其说是“惯”的，不如说是害的。

2

很多时候，在一些外人看来，我不是儿子的亲爸。

记得有一次，中午带他在楼下的蒸菜馆吃饭，因为饭煮得有点干，他就不乐意自己吃。

但我没有说什么，给他加了一点汤，儿子慢慢地扒着饭，一口也没往嘴里吃。

我知道他的想法，是想要我喂。

很多时候，父母怕孩子饿着，是一定会喂的。

孩子们也很擅长抓住父母的心思。

但我没有理会，吃完后就等着他吃。

他又变了花样——玩凳子，一不小心摔到了地上，然后哇哇大哭。

他用可怜巴巴的眼神看着我的时候，我知道他的想法，无非是想让我补偿一下，动手喂他吃饭。

但我只是看了一下他有没有受伤，然后说了一句“没事，继续吃饭吧”。这时邻桌的一位大姐都有点儿看不下去了，觉得我太“残忍”了。但无计可施的儿子也只得一口一口吃着，没多久也吃完了饭。

为什么一见孩子哭就要赶紧迎上去，打破规矩呢？

很多时候，孩子并不需要你的帮助，而是需要你温和的坚持。

因为当他们看到了父母的态度，就会调整自己的行为。

很多时候的磨蹭，只是为了换来父母的包办。

3

当然有的磨蹭却另有原因，需要得到父母的尊重。

我以前也以为孩子的磨蹭就是故意的，可有一天儿子跟我说：“爸爸，别催，因为我的屁股有点肥，裤子又小了，穿裤子要慢一点，能不能多给我一点时间？”

“好的，我等你。”

有一天他又跟我说：“爸爸，你别催，因为我本身就这么慢。”

的确呢，他那小小的手指还不够灵活。你瞧，他磨蹭是因为衣服的拉链头很难插进去。

有时候，他正在为鞋子如何分左右脚而发呆，但是怕父母发脾气，或者为了证明自己，即使自己的小脸憋得通红还在那坚持着。

不明就里的我们只是计算着时间，不停催着：“还不快点就发脾气了。”

而很多时候，父母的催促往往来自内心的焦虑，一个磨蹭的孩子会让父母感到不舒服，甚至感到害怕。

因为慢了不行，落后了就晚了，这是很多父母内心的担忧。

所以很多妈妈说：“孩子都 1 岁了，牙齿没长几颗，是不是有问题？”

“孩子 1 岁半了，还只会叫妈妈，不会说其他的话，是不是有问题？”

“孩子读中班了，还不会写自己的名字，是不是落后了？”

“孩子读小学二年级，要不要给他报一个课后提升班？班上的同学大部分都报了。”

教育焦虑症已成为当下父母的通病。

很多人一边指责着应试教育，一边又给孩子不断地报培训班，一个班又一个班地补课。

当父母无法克服这些焦虑，将这些焦虑转嫁给孩子时，伤害就在不知不觉中发生了。

很多兴趣班不是孩子的兴趣，很多的提升班只让孩子提升了分数。

每个孩子，都有自己的成长规律，父母应该尊重孩子成长的规律。慢一点，不着急，就算给孩子选择特长培训，也一定要客观理智地选择，而不是盲目跟风。

4

当有了父母的尊重，孩子的很多改变就会发生。

没有什么比让孩子自己去尝试获得的经验更有效了。

父母说了什么，教孩子如何做，孩子往往不会有很深的印象，但是孩子自己做的事、自己取得的经验，会一直记得。

教你简简单单两招，从容应对孩子的磨蹭。

第一，当孩子尝试着去做的时候，请放手，这是父母应有的态度。

在孩子需要独立的时候，你不要紧紧拉住他，当孩子在做的时候，请守望着，不要替代。

帮孩子完成，肯定能赢得一时的方便，可是培养一个没有主见、凡事都要爸妈帮衬的孩子，长久看未必是好事。

当孩子有需要的时候给予帮助，或者给孩子作示范。

放手不是放养，不是不问不管，而是父母在帮助孩子成长中找到真正的自己，也帮孩子一起追寻理想。

第二，在需要树立规矩意识的时候，请不要放手。当孩子获得成功后，给予鼓励。自信的孩子更能勇敢地尝试，允许孩子犯错，积极地给予孩子鼓励。

当孩子的正确行为成为一种习惯的时候，他们就会在自己的轨道上有规律地运行，就好像每个行星都有自己的轨道一样。

孩子的磨蹭，大部分跟父母的引导有关。

面对孩子的磨蹭，要问问自己，是不是自己太焦虑了？孩子真的准备好了吗？

父母多一些反省，就会多几分平静。

养一个好好说话的男孩，不简单

1

我发现，家有男孩，沟通会变成一件充满挑战的事。

比如，昨天我接了一个电话，儿子却在一旁跟表哥不停吵闹着，我捂住电话说："你们小声点，我要接电话。"

可两个人根本就没理我，继续吵着。

等我接完电话，把小子拉过来，揪了揪他的耳朵："你刚刚有没有听见？"

小子一脸的无辜样，没说话。

看来他是不想解释，或者根本不知道有那回事吧。

我认真地看着他说：

"我今天就立一个新规矩，以后大人接打电话，你要保持安静，否则会被惩罚。"

这时候他就听了，点了点头。

跟男孩沟通，就要用眼睛看着他，用认真的表情对他讲才行。

有研究指出：男性的交流更多是通过姿势、面部表情和身体动作来进行的，而不是通过语言。

同样，在小男孩与他人交流时，他也是这么做的。

比如儿子每次跟我说话，都要求我看着他，非得我扭过头去看着他才行；比如他发现一套很搞笑的绘本，或者做了一个自己觉得很了不起的玩意儿，都会跑来找我。

忙的时候，我就会敷衍："知道了，知道了。"

结果他就不高兴了。

因为我面部没有表情，整个人也还是忙着自己的事，对他来说，这是无效的交流。

所以每次孩子拉着你说话的时候，一定要真正参与进去。对于小家伙，父母更要蹲下来，看着他的脸，认真地给予回应。

其实我们自己在生活中也会有同样的感受。

每次我想跟老婆说一件事，如果她慢悠悠地在桌子前照镜子或涂点爽肤水，我就会很急，甚至去拉她过来，觉得要看着她的脸讲话才能让她听明白。

而她呢，总是会说："我听着呢，其实你想说什么，我早就知道了。"

因为女性在很大程度上凭直觉便能捕捉到这些非语言信息。

所以很多的妈妈也会以为孩子有这个功能，包括男孩的妈妈们。

因为这样的"误解"，妈妈们反而会责怪男孩的无理。

比如儿子有很多次跟表妹玩的时候，去掰着妹妹的肩膀，让她听他说话，老婆就会说："妹妹听着呢，不要这么粗鲁，你说就行了。"

但儿子总是不依不饶地，非要妹妹看着自己不可，不但急得不得了，还为此挨了不少的批评。

2

在交流能力上，女孩往往要优于男孩。

科学研究也表明：连接左右大脑的一簇神经是胼胝体，女性的比男性的要更大一些，这使女性的左右大脑能更好地联系，交流更加流畅。

没办法，很多东西是天性使然，所以我们必须理解男孩的“相对滞后”，以及一些“怪怪”的行为。

其实，如果我们对男孩观察够多，会发现他们对快速运动的物体，以及那些刺激视觉的东西更感兴趣。

所以很多妈妈发现儿子对静止的书本文字不感兴趣，可是对电子游戏却兴致勃勃，还有动画片也能让他们长时间地高度集中注意力。

并且，很多教师会发现，男孩对物理课和化学课很感兴趣，特别是实验课。

奇奇怪怪的教学器材还有老师手舞足蹈的动作往往特别能吸引住男孩的注意力。

而对于语文及英文这些语言类的课程，如果老师的教学方法古板，老师的讲课估计会成为很多男孩的催眠曲。

所以，对男孩的这些“怪”行为，真的要多一点理解。

当一个孩子支支吾吾地组织人生中第一个长句子的时候，请不要打断他。

我发现，儿子虽然词汇量大，表达也不错，但说长句子的时候，还是会停顿。

每次，我就耐心地听着，等着他费很大的劲绕来绕去地讲出来，

虽然往往词不达意，只说清了一半而已。

这时候，我们可以给他一个小小的补充，帮助他去完整地表达自己的想法；还可以跟他谈谈，告诉他有什么更好的词能让他表达清楚。

耐心和鼓励，会让孩子有表达的信心。

很多男孩不敢说话，就是因为很多次说话的时候被人取笑，或者被焦急的父母一句话打断：“好了，好了，我知道了。”

也有的父母直接用自己的话代替，然后加一句：“是不是这样啊，说这么久也说不清。”

不敢说话的孩子，他们的情感常常被压抑，成年后也会遇到情感方面的问题。

比如跟女孩约会，总是结巴着不知道该如何说，就算内心有澎湃的感情潮水，经由嘴巴之后也只会变成单调的几个字眼。家有男孩，父母就要多多鼓励并且帮助孩子去开口。

3

如果你总是责备男孩不听话还总是走神，就要看看自己到底是怎么说话的。

我发现很多的父母是这样跟孩子说话的：比如孩子在玩一个特别感兴趣的玩具，或者在看自己喜欢的动画片，可是马上要开餐了，妈妈端上菜的时候就开始提前下一个指令：“快来，吃饭了！”但孩子一动不动。

过了几分钟，第二次下指令：“快来，听见没有啊！”

还是没动。

等全部准备妥当时，孩子也许还没动。

这时候就轮到妈妈大动干戈了：“小样，造反了不成！”

然后直接去制止孩子的行为。

这时候孩子带着气，往往要拧巴很久。孩子生着气，而妈妈呢，怪他不听话，说他脾气大。其实，男孩在专注于自己的事的时候，真的会“听不见”。

他们会把耳朵闭上，沉浸在自己的世界里。

所以我建议父母下第一个指令的时候就走到孩子的面前，拍拍他的肩膀，让他看见你的脸，告诉他还有多久的时间，或者马上就跟他明明白白地一次讲清楚。

这远比发好几次无效的指令，让自己起了无名之火，又把脾气发泄在孩子的身上要强很多。

4

有一句话说:“男孩需要知道目标、规矩,还要知道谁说了算。”

男孩都喜欢“目标”，这应该是天性使然。

比如在远古时代，目标可以理解为猎物，猎取到可以填饱一个部落人肚子的猎物，就是男人们的目标任务。

所以，跟男孩沟通的时候，不妨给他一个明确的目标，而不是给他一个模糊的指令。

比如，之前我跟儿子说：“今天就学习英语吧。”他就一脸迷茫地看着我。

可是我如果跟他说：“今天就学这 26 个字母，然后把这 26 个单词也熟悉一下。等会儿爸爸检查你是不是完成了这个任务。”他就会马上投入行动中。

要孩子做家务也是如此，记得给他一个明确的目标，而不是一个笼统的指令。

当然，还有一点就是定规矩。有了规矩，很多沟通会简化，因为孩子会明白自己该怎么做。

如果孩子还没有去幼儿园，每天在家里也得有规矩。

我家有一个规矩——上午不能打开电视机，所以我就不需要每天为了孩子上午看电视而烦心。

最怕的就是在没有规矩的情况下，父母跟孩子讨价还价，斗智斗勇。

这样大人孩子都累。

另外，家里的指令不能乱，不能妈妈说东，爸爸说西。孩子更愿意听从那个跟他一起树立规矩的人的指令。

所以，父母之间就要多多配合，保证规矩有人执行，是能算数的。

当然规矩不妨严格些，但你说话时完全可以温和点。

多点鼓励和赞扬，往往比责骂有效得多。

要想自己的孩子待人温和，父母就要注意自己与人说话的方式、与孩子沟通的方式。

如果你常常恶语相向，责骂不断，那就不要指望孩子能成为一个好好说话的人。

在说话这件看似简单的事情上，我们对男孩有过多少的误解。

父母要做的还有很多很多……

养一个好好说话的男孩，不简单！

其实，对宝妈来说很多沟通的方法对孩子爸爸也管用，不妨试试看。

谢谢你，愿意做我的孩子

1

一天晚上，我给小小鱼拉上蚊帐前，亲了亲他的额头。

“爸爸，你看！”他大声地说。

“怎么啦！”

“你看，我的脚能碰到床沿儿那边了，我都有床这么长了。”

“是呀！你又长高了，时间可过得真快呀！”

我要走的时候，他拉住我说要我陪他睡一会儿。

因为要上学，怕影响他的睡眠，我们平时的睡前聊天都取消了，在周末的时候倒是可以聊多一点儿，没关系吧。

“爸爸，你小时候有没有希望快快长大？”

“我那时候天天盼着自己长大，可是如今我却总觉得不要那么快就好了。”

“为什么呢？”

“因为小时候的时光是一生中最轻松快乐的，你要好好享受它。”

“我觉得最快乐的事就是跟爸爸妈妈在一起。谢谢你做我的爸爸！”

我轻轻地拍了拍他的肩：“谢谢你，愿意做我的孩子。”

2

我常常想，眼前的这个小家伙为何会成为我的孩子？

他为什么会选择我做他的爸爸呢？

是我足够好，还是我本身还不够好呢？

曾经有个叫朱尔的三年级小朋友，写了一首《挑妈妈》，让无数父母为之感动：

你问我出生前在做什么，
我答，我在天上挑妈妈。
看见你了，
觉得你特别好，
想做你的儿子，
又觉得自己可能没那个运气。
没想到，
第二天一早，
我已经在你肚子里。

在小小的孩子的眼里，妈妈总是最美的那个人，爸爸总是最值得敬佩的那个人。

就好像情人眼里出西施，因为爱我们太深，甚至会忽视我们的缺点。

还记得小小鱼来到的那一年，我在一家不大的公司做策划工作，工资很低，刚刚够两口之家的开支。

当我知道要当爸爸的时候，内心非常复杂。

高兴的是我要当爸爸了，而焦急的是我该怎么做，才能扮演好这个角色。

因为我知道，我真的不够优秀，但是，我还是给自己鼓劲。

真正参与孩子成长的父母，也会感受到自己收获满满的正能量，还有满满的知识。

因为想要做一个有效父母的内驱力，真的会让你发奋学习，如同孩子的成长那样惊人，甚至出乎你的意料。

在第一次跟他分离，奔赴工作岗位时，我在即将出发的客车上，拿出笔记本写下了《我的宝贝》，其中有一段是这样的：

我又一次踏上奋斗的征程，
但现在的我，
早已不是一个人的孤战。
今后，
我们将一起，
会有个怎样的人生？

现时的你，
每天，
都在长大。
我所有的爱，
都献给你，
我的宝贝。

如今眨眼间，我当爸爸也快六年了，这一路走来，是要感谢孩子的。

父母这个职业，是不需要考试的，只要你愿意，就能获取资格，可是，并不是每个人都能胜任。

从第一天做爸爸妈妈开始，我们就开始了一段成长的旅途，累并快乐着，应该是共同的感觉了。

3

孩子，让我们的人生变得完整而有意义。

这一点，我最好的朋友深有体会。

在他三岁的时候，父亲因为事故离开了他，他脑海里只留下父亲的一些模糊印象。

小的时候，他跟我们一起玩，常常会跟一些大孩子打架，就因为那些孩子说他没有爸爸，说他爸爸是坏蛋。

他哭着跟奶奶说要找爸爸。

到了少年时代，他开始恨自己的父亲，因为他从来没有出现过，他不知道这是为什么。

愤懑充满胸间，家人以为他是叛逆，只有他自己知道内心缺少什么。

还有他收集的那些关于父亲的文章，早已抄满了笔记本。

直到多年后，他有了孩子，才感觉到人生完整了。

他说："听到儿子叫爸爸的时候，就好像回到了自己小时候，能看到自己当年叫爸爸的样子。那个感觉从未见过的爸爸的形象也一下子明晰了，他肯定跟现在的自己一样，也会这样爱怜地亲吻着心爱的孩子。"

唯有孩子的到来，才能填补父母内心的黑洞。

不得不说，这是上天赐予苦难的你的一份珍贵的礼物。

4

为人父母，常常会觉得孩子是自己最大的软肋，可是做父母，真的是一种修行。

我们要做得足够好，孩子眼中，我们才更像父母，而我们要做的，就是让自己足够好。

最后发现，原来我们养大孩子的同时，也完善了我们自己。

孩子虽然有时不乖、爱发脾气，但他们都如同一面镜子，让我们看见自身的缺陷，你是否能看见？是否愿意改变？

有妈妈说，当孩子惹我生气时，我总是无数次脱口而出“你再这样，妈妈再也不爱你了”，可无论我怎样犯错，孩子最后还是会真诚地说“妈妈，你是最可爱的人，我最爱你了”。

有幸做父母，必须好好修行，才能配得上好的孩子。

所以，我最想对孩子说的一句话是：“谢谢你，愿做我的孩子。”

别把孩子养成一个令人讨厌的人

1

上周六的时候，带儿子去电影院看新版的《美女与野兽》。

本来他就是冲着野兽去的，所以时间一长，碰到沉闷的人物对话，又没看到野兽时，他就很不耐烦了。

起初说不想戴 3D 眼镜，因为不舒服，在自己的座位上扭来扭去，我也没说什么。

但是过了一会儿，他就站了起来，小小的个子也影响不到后排视线，可他却还想着去扶着前面的椅背。

这时前排的人当然就会被打搅到，我赶紧把他拉了回来，小子就一点也不高兴地嘟着嘴巴。

我轻轻地把他按在自己的座位上，他又说自己饿了，总是想闹点动静出来。

孩子总是会想出各种法子来对付自己的无聊，有时是为了获得父母的注意。

于是我趁着这个机会带他去外边买东西吃。

出了影厅，我严厉地批评他刚刚的行为不对：

“这是大家看电影的地方，不是我们家。你这样做，会打搅到其他人，这样会成为一个令人讨厌的人。”

小子这时候好像意识到了自己的不对，后来捧着爆米花进去后，他就规规矩矩地坐在那直至剧终。

为人父母应该都有这样的经历，自己的孩子在餐厅里或者是高铁、公交、飞机上，总是会不小心打搅他人，这样的行为如果父母不及时帮孩子改正，久而久之，孩子的这种行为就会变成习惯，那是害，不是爱！

2

很多时候，父母打着孩子天性自由的旗号，让孩子肆意妄为，殊不知这样会养出一个让人讨厌的孩子。

有一个妈妈在群里说，自己带女儿去商场的儿童乐园玩沙子，一个小男孩不断从高处向自己扬起沙子，制止了几次，他依旧置若罔闻，没有停止这种行为。

他妈妈也喊了几次：“别朝小朋友扬沙子啊。”

然而没有用，他依然继续。

同去的朋友感慨道：“肆意妄为，谁都喊不住，现在这样的小孩不少啊。”

其实，这样的情况我们都应该见过，而这样的孩子，估计除了他自己的父母之外，没多少人会喜欢吧。

有的父母真的就只是喊一句，怕自己的各种“不准”会让孩子变得胆小，而且想当然地觉得孩子长大了会懂事，小时候皮一点更好。

而有的父母喊都不喊，装作没看见。

我带着儿子出门，常常听到这样的说法：男孩子就是要皮一点。

的确，顽皮是男孩的天性，但孩子在天性自由舒展之前应该知道一个规矩：那就是不能妨碍其他人。

因为只有尊重他人、照顾他人的感受，拥有同理心的人，才会得到他人的欢迎和尊重。

所以，当儿子一个人在广场上奔跑着发泄自己的精力时，完全可以由着他尽情尽兴。

而在影院等公共场所，或者与人一起游戏时，就得守规矩才行。

当他不小心打了小朋友或者不守规矩的时候，我都会让他去想想，假如他被打了，心情会怎么样？或者本来是该他玩了，却被人抢了先，他的心情又如何呢？

帮助孩子慢慢发展出同理心，学会识别并照顾别人的感受，孩子才不会成为一个只顾自己不顾别人、令人生厌的人。

3

父母应该尽早地让孩子明白：世界是大家的，有些东西不属于你。

以前，在网上看到过一篇文章，值得父母深思，作者用自己的亲身经历给我们讲了教养的重要性。

那是在一辆公共汽车上。我在始发站上了车，坐到最后一排。

在我的后面，紧跟着上来一对母女。

妈妈三十多岁，戴着无框眼镜。她的女儿五六岁，怀里紧抱着一只毛绒玩具。

那时车厢里尚有部分空座，可是小女孩瞅瞅那些空座，然后坚定地指指我，对她妈妈说："我要坐那里。"

我愣住了。

女人抱歉地冲我笑笑。她低下头，对小女孩说："咱们去那边靠窗的位置坐吧。"

“不，我要坐那里！”小女孩再一次指指我。

我不知道小女孩为什么非要坐到我的位置。但我知道，现在她与妈妈犟上了，任女人如何哄她，就是站在那里，不肯随女人去坐。

我想，现在小女孩想要的并非是一个座位，而是一种满足。或许大多数时候，她的这种满足可以在家里得到，在她妈妈那里得到。

问题是，现在，她并不是在家里。

作者也没有让步，而是给这个孩子上了一课：

那天我必须拒绝她，不仅要用语言，还要用行动。告诉这个小女孩：这世上，有些东西并不属于她。不属于她的东西，并非撒娇，或者威胁唯一可以对她没有立场和底线的妈妈就可以得到的。

我觉得这是为人父母者都需要让孩子明白的道理。

所以，当孩子在超市里躺在地上发脾气，让你满足他时，

又或者是当孩子在家里撒娇，让你听他的时，你该怎么办？

当孩子第一次这样做的时候，就不能让孩子“得逞”。

而聪明的孩子们，就会明白这样做毫无作用，下次往往就不会这样做了。

如果没有尽早树立规矩让孩子明白这个道理，那孩子终究会被这个世界狠狠教育一番的。

4

在养孩子的过程中，说到底，父母的价值观影响着孩子。孩子三观形成的过程中，起着最重要作用的就是家庭教育。

金星曾提到自己的育儿标准——孩子走向社会不招人讨厌就行。

“我对子女成长教育的标准是：有一天走向社会，这三个娃不叫人讨厌就行。孩子走入社会招人厌烦，是真正失败在起跑线上了。你的言谈让人舒服，是创业及做任何事的第一步，第一步是谁教的，指望学校吗？我看够呛。我和社会、学校抢孩子，抢的是一个价值观，一个道德标准，最后是一个态度。归根到底，把什么价值观灌输给孩子，就结什么果。”

父母的见识和教养，是影响孩子最深的。

养一个有教养的孩子，做一个不被人厌的人。

任重而道远，却不可不为之啊！

好好爱那个发脾气的孩子

1

说实话，面对发脾气的孩子，你有没有那么一瞬间，想狂揍孩子一顿？

如若真诚地回答这个问题，我想大部分父母的答案应该是肯定的。

但是那些能够管理好情绪的父母，只是想想而已，而情绪容易失控的父母，真的会对孩子大打出手。

很多父母常常会把孩子发脾气当作孩子不听话，或者觉得孩子挑战了自己的权威，往往忽略了孩子本身的需求，哪怕是合理的需求。

其实，孩子发脾气，都是有原因的。

而你真的能耐心去倾听和找寻真正的原因吗？

前几天，我们带儿子从外地坐高铁回家，高铁要行驶 5 个小时的路程。

小家伙一开始还觉得很新鲜，之后就说无聊。

疲惫不堪的我们只想争分夺秒地好好眯一会儿，可兴奋的孩子总是想找点好玩的。

我们耐着性子给他读了故事书，又让他看了一会儿动画片，可一停下来，他马上又说感到无聊。

这时老婆选择不理会，而我也闭着眼睛休息，我们都没有去理会他的感受。

没想到他在座位上扭动了一会儿，竟然哭了出来。

在高铁的车厢内，孩子大哭大闹可不是好事。

我赶紧安慰他，可心里就有点堵了，看他那样子，真的想打他一顿，因为我们好像已经想尽了办法满足他，为什么他就不能守规矩，安安静静地坐一会儿呢?

可转念一想，他又有什么错?

这么长的时间，让他就那样呆坐着，我们未免太不懂孩子的心了。

虽然不能吵闹、打扰他人，但至少父母要看到孩子的情绪，明白他的感受吧?

这时只能帮助他来调整一下情绪了。

我说带他去走走，看看餐车那儿有什么好吃的，希望能帮助他走出这个坏情绪的中心。

有点儿小脾气的他嘟着嘴，跟我说不想去。

我知道他是有点儿生气，否则的话，以他小吃货的个性怎么会跟好吃的过不去呢。

我继续耐心地跟他说话，然后一起转了一圈，回来的时候买了一个小冰激凌，然后把旅途中买的小玩具翻出来给他玩，让他打发时间，他这一路上就没有再吵闹了。

我跟老婆说：“他哭的那一瞬间，我真的想狠狠抽他屁股几下，但是又觉得这样打骂的作用应该不会好，反而会让他大哭大闹，影响其他人。”

他要的其实就是父母的关注，希望父母明白自己的感受，然后耐心地接纳他的情绪。

当孩子发脾气时，父母有耐心是最好的解决方法。

2

孩子为何脾气暴躁？因为大部分父母都曾犯错。

父母最经常犯的错误，就是用自己的情绪影响孩子的情绪，把自己的感受强加在孩子的身上。

“我觉得你现在应该感到高兴了，因为我觉得很好。”

“你难道没有看到我带你有多么辛苦吗？为什么就不能听话一点？”

“你总是这样闹，我觉得你就是胡闹，就是找打。”

……

这些情形的发生，都是建立在“我”的感受之上，而没有去考虑孩子的真实感受。

我们有时候会觉得孩子无理取闹，其实这个“理”往往是父母的标准，而不是孩子的标准。

我们只希望看到孩子的正面情绪，而拒绝接纳孩子负面的情绪。

孩子笑着、开心的时候我们愿意跟孩子玩玩。

孩子一哭，马上就斥责他，不准他哭。

孩子说自己害怕，你就说他胆小。

孩子说自己不喜欢，你就说这个东西有多么好，一定要他接受才行。

要知道这些负面的情绪是合理的存在，需要被接纳。

很多父母的情绪容易失控，一点就着。

我们为什么会控制不住自己的脾气？

仔细回想就会发现原因跟自己的童年生活息息相关，跟那个生活过的原生家庭紧密相连。

每个人的内心都埋着一些情绪地雷，有的人多，有的人少。

有的人在不断地排雷，而有的人的地雷反而越积越多。

而孩子们的行为往往会成为导火索，引爆你埋藏的情绪地雷。

而这样的父母，往往会在孩子内心埋下同样多的情绪地雷。

很多年以后，这些父母会发现孩子跟自己一模一样，痛苦着你的痛苦。

3

面对脾气大的孩子，我们该怎么办？

一是耐心接纳，站在孩子的角度找原因。

孩子发脾气时，我们可以观察一下，孩子是感到不舒服，还是他内心的真实渴望没有被理解。

情绪有好有坏，不要拒绝、忽视坏情绪，要面对孩子的坏情绪。

二是教孩子去认识情绪，并且表达出来。

父母需要帮助孩子学会描述自己的感受，说出自己的真实需求。

比如孩子生气的时候，引导孩子说出自己的感受，有的孩子会说他感觉自己很难受，想打人；有的孩子会说他想把自己看到的东西全部砸烂。

当孩子能积极地用语言描述情绪的时候，恭喜你，孩子已经能开始进行情绪管理了。

想要帮孩子认识情绪，亲子共读是一个比较好的方法。

书本可以让孩子认识情绪语言，而且故事往往是现实世界的缩影，孩子可以从故事中辨识不同情绪，了解人们如何处理愤怒、恐惧、快乐及忧伤等不同情绪。

最后，父母要自我检验，看看自己给孩子提供的成长环境如何。

孩子的脾气，跟父母息息相关。

一个爱发脾气的家长，最后往往容易教育出爱发脾气的孩子。

孩子总是喜欢模仿家长的言行举止，家长脾气暴躁，孩子的个性自然不会太温和。

被情绪化、常常发脾气的父母带大的孩子，情绪问题更多。

4

不要觉得把脾气发出来的孩子不好，而从不发脾气的孩子就是乖孩子。

其实孩子压抑情绪，对成长的害处也不小。

最怕的是孩子为了取悦父母，忽视了自己真实的感受，甚至放弃自己。

有一个妈妈说，她的孩子好像特别懂事，不管什么事，都自己压在心里，高兴的、不高兴的，都不喜欢跟别人分享。在学校里受了委屈，和小朋友闹别扭了等等类似的事，孩子从来没和她说过，问他，他也什么都不说。

这样的孩子看上去安静懂事，其实内心没有自信，往往找不到自己，更容易出现心理方面的问题，比如情绪在心里憋得久了，孩子容易变得消沉。

有心理研究指出，童年过度消沉、没有光彩，拥有糟糕童年的人，成年后患抑郁症的概率更大。

孩子的情绪不好，看上去好像是孩子的问题，其实跟家庭及父母有着直接的联系。

帮助孩子去管理情绪，表面上看似乎是为了孩子，其实最终成全的是自己。

而在这个过程中，我们需要蹲下来，耐心点，再耐心点，倾听孩子的内心……

自律的孩子是什么样子

1

老家有一个邻居，家里的小女孩三天两头生病，面黄肌瘦的。

父母在外打工，爷爷奶奶照料她。

老人对孩子十分宠溺，孩子不吃饭怕孩子饿着，就不断地买零食给她。

而吃零食越多，孩子越不吃饭，这是一个恶性循环。

记得去年夏天，我们在商场遇见孩子的奶奶在买碎碎冰，一次就买了三十几根。我说:“这够吃一个多月了。”

老人苦笑着说：“还一个多月，我家那个小家伙十天不到就会吃光。”

“你们没有规定她每天吃碎碎冰不能超过一根吗？”

“说过，但是没用，她聪明得很，自己知道开冰箱门。不给就躺地上哭，没办法。”

老人已经完全被孙女控制了。

这样的教养方式，往往会让孩子养成很多不好的习惯。

因为没有规矩，孩子无法真正地自律。

其实通过很多这样的小事，往往能看出家庭教育的问题。

孩子能自律，不只是对孩子有好处，养育孩子的大人，也会轻松很多。

2

有人会说：“别逗了，让孩子去自我管理，不翻了天啊！”

其实只要父母从小用心引导，尊重孩子的天性，在孩子 3 岁时就可以让他学会自我管理。

千万不要觉得孩子小，不懂事，就放任自流。

没有对他从小进行心理上的引导，长大后孩子只会离正确的轨道越来越远。

在孩子心理发展的过程中，有一个敏感期特别适合培养他的自律能力。

当孩子到了 3 岁的时候，往往会进入执拗敏感期，这是秩序培养的关键期。

这个时期的孩子，往往会表现得非常自我。如果父母读懂了他的行为，并且站在他的角度去理解他、配合他的话，孩子就会平静下来，否则就会哭闹，直到达到目的为止。

很多父母觉得不能让步，一定不能惯着孩子。

可在这种心理发展期，父母必须尊重孩子的行为和需求，因为孩子在秩序感的作用下，往往会以为世界是按照特定的秩序存在的。

如果父母能够尊重孩子的这个特点，因势利导，尽量培养孩子养成规律的作息习惯，布置整洁有序的家庭环境，呵护孩子的物权和归位意识，则更容易培养孩子的秩序感和规则意识。

有时候，尊重孩子好像是惯着孩子，实则不然。

就拿儿子的行为来说，他 3 岁的时候，我们出门，他一定要自己去开门，其他人打开门都不行，一定要关上重新来一遍才行。

有时候我们很急，老婆就会责备他，但我总是说就让他关，按他的意思办。

这时儿子觉得自己被理解了，就会很开心。

我妈妈就会笑我："就你能惯孩子，我们惯就不行。"

当然，我妈妈说的惯是这样的：

比如有一段时间她来家里帮我的忙，每天早上都会打开电视机，让儿子坐在那看动画片。

可我就会规定时间，刚开始是每次 30 分钟，后来约定上午不能开电视机，应该去外边玩，下午可以看一会儿电视。

其实儿子很乐意去外边玩，马上就同意了这个约定。

如果不定规矩，就会养成坏的习惯。

所以，心理上的尊重和理解很重要，而行为上的规矩一样重要。

这就是我理解的自由和规矩：心灵上自由是要得到尊重，有充足的爱；行为上立适当的规矩，能使孩子能做到自律。

因为自由和自律就像天平两端的两个砝码，不管哪边重量减少，天平都会失去平衡。

3

有人会问，自律的孩子是不是会变得很胆小，或者不敢表达自己的需求。

其实不会这样，自律的孩子反而更自信。

因为他们能自我管理，通过这样的行为，往往还会加强对自己的认同。

对自我价值的认同是自信的基础。

如果一个人自己都瞧不起自己，他就会变得自卑，变得自暴自弃。

其实我们看看成年人的行为和心理就能理解。

一个高度自律的人，总是能分清事情的轻重缓急，不会睡懒觉睡到下午，才记起把一个重要的约会忘记了。

而自己都无法管好自己的人，常常会感到无聊空虚，迷惘无助。

孩子是一个独立的个体，在这方面也大抵相同。

而且，还有一个重要的问题是父母必须弄清楚的，那就是培养孩子的规则意识并不是靠严厉的管教或者打骂来完成的。

所以，不要担心养出一个胆小怕事、自卑的孩子。

因为你给的爱，让他们不断地自我调整，变得优秀。

儿子最近有几件事让我看到了自律的威力。

一件事是关于看电视和玩游戏。

我从来没有禁止他去接触这些电子产品，因为这个时代是电子信息时代，他们迟早要融入这个时代的潮流，所以不能逆势而为，我能做的是尽量帮孩子去自我管理。

前天下午，我因为前一天晚上熬夜写东西，必须休息一个小时，所以就让他打开电视机看一会儿动画片。

我们约定他可以看三集，然后我就去睡了。

当我中途起来的时候，发现电视机已经被关掉了，儿子一个人在翻看他的绘本。

“怎么没看了？”我问。

“不是说好看三集吗？我关掉了。”儿子答道。

“哦！我记起来了，很不错呢，继续保持。”

听到爸爸对自己的鼓励，孩子内心是高兴的，而且我发现孩子的秩序感往往比我们的还要强。

还有一次是带着他去外边吃饭。

因为等了很久都没有上菜，我就去买了一罐啤酒，给儿子和老婆买了芒果汁。

把杯子倒满后，我说先喝点吧，有点饿了。

可儿子就是不喝，他说要吃完饭之后再慢慢享受美味。

这倒让我感到惊奇了，因为他可是最爱喝这个的，竟然能忍住不喝。

我劝他：“喝几口没事，等会儿吃完饭再来一杯。”

“不，我要吃完饭再喝。”

老婆说：“这不是你们说好的吗，吃完饭才能喝饮料。”

的确如此，因为之前儿子聚会时，孩子们在一起比拼喝饮料，结果几杯饮料下肚，他们就吃不下饭了。

所以我每次都会提醒他：“先吃饭哦！吃饱了饭，再好好享受美味。”

如今他已经形成习惯了，无论我们怎么说都不会轻易改变了。

而吃鸡腿的习惯也是如此。

在外婆家，外婆看到儿子喜欢吃鸡腿，就给他夹了好几只。

他吃了一只就不吃了。

外婆以为是我吓得他不敢吃，把我支开，然后悄悄跟孩子说：“别怕，到外婆家，想吃几个就吃几个。”

“外婆，我不吃了，因为我还要吃饭，一顿只能吃一只。”

其实，自律的孩子不需要父母的威胁、恐吓，因为他们自己知道该怎么办。

而父母的用心，能让孩子更自律。

4

懂得自律的父母，才能养出一个真正自觉的孩子。

在自律的这条路上，父母首先要做好榜样。

这甚至可以说是一场苦修，因为走自律之路是需要勇气和决心的。

记得有一次，我上午时打开了电视，看一档节目。

儿子就跑过来问："爸爸，你怎么上午也看电视啊！"

"哦！今天电视会播一件很重要的事，爸爸要看一看，等一会儿就关了。"

后来，我就尽量避免在我们规定的时间外看电视，因为自己都做不到就没法要求孩子去做。

有人就会问："难道为了孩子，我要放弃自己吗？"

我只想回答："做了父母，不意味着要你放弃自己，而是要放弃很多不好的自己。因为父母，不是一个称呼，而是一种责任。"

所以，天天在麻将屋打麻将，或者回家就拿着手机玩游戏的父母，不要怪孩子学习不努力，因为你无法给孩子足够的关注，成为孩子的榜样。

要记得：自律的父母，孩子都不会差。

在人生这条路上，父母和孩子彼此守望，一起成长，越来越优秀。

老师说的"孩子挺聪明，就是不好好学"意味着什么，扫码了解一下。

孩子最不可爱的时候，是最需要你爱的时候

1

记得有一天中午，我刚好要外出办事，就要儿子去他的房间午睡。

之前一般是我陪他睡，因为放假，有一个小姑姑在我们家陪他玩，所以他中午一般不想睡。

那天我出门前，又去他的房间看他有没有睡着。

他一个人坐在床沿上，没有说话，也没有吵闹。

我一看他还没睡，当时就火冒三丈，问他为什么不睡，他也不回答。

我就开始讲道理，说睡觉是每个孩子都要做的事，否则长不高，还不睡的话，就是不守规矩，等等。

就在我絮絮叨叨的时候，儿子小声跟我说："爸爸，我想跟你睡。"

听到这句话，我一下子什么气都没了，觉得自己讲的那些道理，都是站在一个高高在上的父亲的角度，何曾问过他的想法呢。

这时我蹲下来抱起他，对他说："原来是这样啊！可是爸爸要去办事，你看，这些文件都需要爸爸去盖章。"

这时他紧紧地依偎在我的怀里，又看了看我旁边的文件袋。

"爸爸去 1 个小时就回来了，你现在先到自己的床上睡着，等会儿爸爸回来就叫醒你，好不好？明天爸爸没工作就陪你一起睡。"

这时他点点头，默默地爬到了自己的床上。

我给他轻轻关上门，说："等爸爸叫醒你哦，快睡吧。"

后来我回来的时候，他睡得很香。

如果我当时发脾气，我想他会做噩梦的。

父母控制不住的坏脾气，不就是孩子做不完的噩梦吗？

2

前段时间，陈小春凶儿子却被儿子教育的小视频火了。

那天他带儿子小小春在海边玩，当有人在宣布事情的时候，小家伙拿着高音喇叭在那叽里呱啦地叫得起劲。

旁人示意孩子安静，无果。

做爸爸的当时就来火了，很凶地问他为什么要这样做。

孩子懵懵懂懂，搞不清，爸爸就把他带离现场。

可爸爸的心里还是带着气的，一个人在前面径直走着，儿子一个人在后边晃晃悠悠地跟着，爸爸不时大声地催促儿子。

爸爸的情绪这么明显，小小的孩子早就感受到了，就跟爸

爸说："你可以不生气吗？"

但是爸爸可不是你说不生气就不生气的，很多爸爸好像就是为了生气而生气的。

谁叫你不听话呢？

爸爸们理所当然地认为。

最后儿子跨着台阶回去的时候动作更慢了，跟爸爸差了一大截路。

这时陈小春就吼了起来："嘿！你怎么了，快点啊！"

孩子这时又认真地跟爸爸说："你怎么了？你能不生气了吗？"

这样的对话，让这个火冒三丈的爸爸瞬间被点醒，意识到了自己的情绪，然后跟孩子道歉。

陈小春说自己这一辈子都不会忘记这样的对话。

同样身为一个父亲，我想他真的不会忘记，因为孩子已经狠狠地让他得到了反省。

只有积极反省，并愿意做出改变的父母，才能得到孩子的爱。

3

记得有这样一句话："任何不可爱的行为，都是在呼唤爱。"

放在孩子身上，更是如此。

孩子最不可爱的时候，就是最需要爱的时候。

孩子犯错了，会是什么样的感受？

有一位妈妈曾经分享到：

有一次陪儿子在游乐区玩的时候，儿子哭着跑过来，说有人推了他一把，他差点从滑梯上摔下来，吓坏了。

推他的那个小男孩赶紧跟了过来，紧张地跟我说："阿姨，我不是故意的……"

看着两个孩子，我突然发现，他们是那么的无助！

挨欺负的有委屈，犯错误的有恐惧，他们到我面前来，就是希望我能够给他们爱，而不是告诉他们：你错了。

我伸出手抱住了儿子，放弃了从前"男子汉不能哭""勇敢一点"的说教，只是告诉他："妈妈在。"我又摸了摸那个小男孩的头，说："没事啊，别怕。"很快，儿子就不哭了，主动离开我的怀抱，两人又拉着手疯跑去了。

可是，有太多的父母喜欢粗暴、简单的方式，要么大声吼叫、发脾气，让孩子感到害怕，然后屈服、顺从父母；要么就搬出一堆道理，让孩子感到愧疚，然后乖乖听话。

很多保留着个性的孩子，刚开始尚且能够反抗，通过发脾气来对抗，表达自己的情绪感受，同时也会有一种恐惧：妈妈是不是不喜欢我了？为什么我这样做她会如此生气？

每个闯了祸的孩子，内心都是紧张的。

他们会躲起来，或者找一些理由为自己开脱。

为什么一定要逼他们去接受你所谓的事实呢?

很多时候，孩子犯的错只是行为上的偏差，并不是品格上的污点啊。

而父母能够做的，就是看到孩子们渴望被爱、被关注的需要，并且明确告诉孩子:

我爱你，

你是可爱的，

你值得被疼爱，

这种爱是无条件的。

很多时候，孩子只是需要你的一个安慰或者抱抱。

孩子每一次的犯错，都是最好的教育机会。

当孩子犯错的时候，是给他一顿骂，还是给他充满爱的教育呢?

4

你能真正地站在孩子的角度，去努力读懂孩子的行为吗?

比如绕不过的执拗敏感期。

两三岁的孩子进入执拗的敏感期，表现为事事得依他的想法和意图去办，否则情绪就会产生剧烈变化，会发脾气、哭闹。

前几天，有一个妈妈给我留言说自己两岁的儿子没有之前听话了，什么事都要自己去做，如果有人帮他做了，他还要发火。

比如他要自己去拿水杯，如果有人拿了，一定要放回去，重新拿。

孩子爸爸觉得孩子是被惯的，每次都要凶他，而孩子还是我行我素。

其实这是因为家长没有正确解读孩子的行为。

如果孩子要求这样做，那就尽量满足他内心的秩序感，而不是去刻意改变、控制孩子。

随着孩子日渐长大，父母最痛苦的一件事就是：孩子不听道理，反而知错犯错。

我们总是会看到一些急不可耐的父母苦口婆心地跟孩子描述自己为他们谋划的人生道路。

有的爸爸一开口就是马云、任正非，说他们如何成功，然后告诉孩子也要努力读书，否则会一事无成。

结果孩子呢，要么想着自己的事，表面在听着；要么一边玩着手机，一边点头应付着。

如果父子之间已经筑起了一道屏障，说什么都是没用的，因为你们一直生活在两个世界里。

当无数头痛的爸爸对犯错的孩子动之以情，晓之以理之后，孩子说的最多的话就是：“现在知道管我了，当初你去哪儿了？怎么不管？你自己就做得对吗？”

很多爸爸就低下头了，说自己的确做得不够。

因为细思之后就会发现，很多问题孩子的产生就是因为问题家庭和问题父母。

要知道教育从来不是一个讲道理的过程，道理不是通过讲解就能让孩子明白，而是要靠成长的实践。

这里的成长包括父母自己的成长，因为从抱起孩子的那一瞬间开始，父母的修行就开始了。

孩子小的时候，我们是他的天。那个阶段也是孩子最信任父母的时候。

父母的爱和接纳会让孩子感受到爱和尊重。

我们是要感谢孩子的，他们是我们生命中最宝贵的礼物。

他们来到我们的生命中，不是为了让我们教育他们，而是为了让我们成为更好的自己。

所以当我抱起那个没有被理解的孩子时，其实也是在抱着自己那颗焦急的心，给予它慰藉。

所以陈小春才会有那么深的感受：这辈子都不会忘记那场对话。

亲爱的，这份上天给予的礼物，你看懂了吗？

三

孩子的情商与父母成长

很多父母，被孩子惯坏了

1

你有没有跟孩子发过脾气?

孩子最后是恨你还是原谅你呢?

前几天一个妈妈在朋友圈说:

真的后悔，早上因为儿子出门的时候拖拉了一下，我就吼了他。

当时在电梯里，看到他眼睛红红的，忍住没哭。

我想，他会不会恨我?

结果晚上回家，他又是欢欢喜喜地叫我妈妈、妈妈，还把从幼儿园带回来的蛋糕喂我吃一半。

为什么我总是不长记性?

想来想去，这脾气真的被儿子惯坏了。

在这个世界上，有两种人最能容忍你的坏脾气。

一种是爱你的人，因为爱你，所以愿意包容。

还有一种是怕你的人，因为怕你，只能让步。

而如果这两种人合二为一的话，就是孩子。

他们爱着自己的父母，哪怕是面对父母无厘头的脾气，最后还是选择了原谅。

他们也怕父母的坏脾气，因为那简直就是他们世界里的狂风暴雨。

2

以前我住的地方，楼下有一个妈妈常常一大早就开始骂自己的孩子，凶神恶煞地吼着：

“我跟你说了多少遍了，你怎么就是记不住！”

“快点！你总是这个样子，我为什么生了你这么一个孩子！”

有时候那骂声会一直持续好几分钟，偶尔还会夹杂着摔东西的声响。

这个时候我的脑海中瞬间就会出现这位妈妈气急败坏、龇牙咧嘴的样子，以及孩子默不作声的样子。

而冷静下来后，更让妈妈们难过的是，自己发完脾气，没有道歉，反倒是孩子说：“妈妈，我原谅你了，我知道你骂我是因为心情不好，我犯了错误。”

孩子们总是善良的，他们选择性地遗忘那些不好的东西。

这真的是造物主赋予他们的超级能力。

当然，在孩子小的时候，他们没有独立生存的能力，小小的他们也没得选，只能跟父母生活在一起。

于是很多父母就变得肆无忌惮起来，一不顺心就对孩子发脾气。很多父母的脾气，真的被孩子惯坏了。

倘若小小的孩子也会冷战，也会跟你顶嘴，那时你就会收敛很多吧。

所以等孩子到了青少年时期，很多父母就发现孩子变了。

以前可以对他骂骂咧咧，如今说话声音大点都会引来极大的抗拒，亲子关系突然变得紧张。

这不是孩子的问题，而是你一直没有改变。

那个曾经愿意听你发脾气的孩子，长大了！

遗憾的是，当父母真正意识到这点的时候，已经晚了。

因为到了这个时期，父母已经很难走进孩子的内心，而且父母的影响力早已削弱。

如果你还选择用大吼大叫，或者肆意威胁的方法让孩子就范，绝对不可能有当年的效果。

3

有了孩子之后，我常常告诫自己，一定要好好控制脾气。可还是有一些失控的时候，让自己后悔莫及。

记忆最深刻的是小小鱼 3 岁多的时候，有一次我教他一首古诗。本来跟他好好地讲，结果他根本就没有用心，所以有一句总是背错。

那天我也不知道哪根筋搭错了，直接就吼了过去。

他脸上本来带着笑的，就在那一瞬间，我看到他的笑容凝固了，然后呆了几秒。

我还没停下。

但是当我看到他回答我的时候，说话哆哆嗦嗦的，整个身躯似乎也在抖动，我意识到自己过分了，就去外边冷静了一会儿。

他还是在房间里，没说话，等我回去的时候，就看着我。

我说："我们再来一遍，认真一点，好不好。"

他没有说话。

"刚刚是爸爸不对，不应该发这么大脾气，一遍不会就多讲几遍。"这时他开始晃动了一下。

"来，坐过来一点，爸爸给你讲。"这时他就慢慢靠过来了。

当然，这件事他应该早就忘记了，可我一直记得。我们不能因为孩子选择了原谅，就肆无忌惮地一错再错。

4

很多父母关心孩子的吃穿住行，却忽视了孩子心理的发展。

常常会在网上看到一些人留言说：

"我们当初被打着骂着，还不是长大了。"

"你们如今就是太在意孩子的内心感受了，太惯着他们了。"

其实，这就是时代的进步，你不能抗拒。

不是如今的孩子内心变得脆弱了，需要呵护，而是当初还是孩子的我们，内心从未强大，却无人呵护。

如今做了父母，有了这个机会，在养大孩子的同时，也可以抚慰或者说疗愈内心那个曾经伤痕累累的小孩。

父母能给孩子最好的礼物就是平和的情绪。

这不是说父母就不能有情绪，而是希望父母能调整、控制情绪，让暴戾之气得到疏导，因为父母情绪稳定是孩子人格发展的关键。

我们常常觉得情绪是虚无的，因为摸不着，可是我们无时无刻不受其影响。而且情绪的表达是可以学习的，父母要教会孩子去表达，并且去运用它们。

比如我们对自己喜欢的人微笑，孩子也会学习你的样子微笑。

而如果父母总是板着脸，对孩子凶巴巴的，对周边的人也没个好脸色，孩子在社交上，也会学父母的样子，对周边的人板着脸。

可以说，从婴儿期开始，孩子的情感发展就受到照看者的影响。

在生命的头两年里，各种情绪就会陆续出现。

比如当你喂他或者抱着他的时候，他会有满足的表情；尿片湿了，或者饿肚子了，他会有厌恶或者痛苦的表情；看到眼前的东西，他会好奇地盯着，或者想去摸一下；需求没有得到满足，他也会有愤怒的情绪。

而到了两岁的时候，孩子会产生更复杂的情绪，比如会出现害羞、内疚、嫉妒这样的情绪。

5

父母的情绪还会影响孩子安全感的形成。

从婴儿时期开始，孩子跟养育者之间开始形成一种独特的、区别于其他感情的亲子依恋。

我们把孩子与养育者之间的关系称之为“安全型依恋”关系，这种感觉会伴随人的一生，而且会影响到孩子的人格发展、社交、情感控制等。

比如在早期（0~2岁）没有发展出安全型依恋关系，孩子会缺乏安全感。

而父母稳定的情绪是形成与孩子“安全型依恋”关系的一个核心因素。

妈妈一般是孩子的主要照看者，倘若妈妈极易情绪化，动不动就大发脾气，孩子会变得无所适从。

常常看到一些父母跟孩子置气，故意把孩子遗弃在路边，威胁孩子，让他听话，否则就不要他了，然后一个人走掉，非得让孩子大哭着，才折返回来，又是一顿打骂。

还有的家庭，爸爸脾气暴躁，遇到孩子做得不好的地方就发脾气，这样孩子很难形成安全感。

我们一直期待孩子拥有美好的人格、品性，比如独立、善良、宽容、开朗、有耐心、有意志力等等，而拥有这些品质的前提是孩子被爱着、被尊重着，处在一个和谐、融洽的家庭氛围之中。

请别依着自己的性子，伤害那个还愿意听你发脾气的孩子。

爸爸，不应成为奢侈品

1

很多妈妈在后台留言说，为我点赞，因为“一个父亲如此关注孩子的教育，值得称赞”。

可是我一点也高兴不起来。

本来就应该做的事，却成为罕事，这不能不让人忧心。

养育孩子，不能是妈妈们孤军奋战的战场，父亲应该参与到孩子的教育中来，而且是越早越好，最好是从换尿布的时候就开始。

儿子出生后我就经常给他换尿布，好像有科学研究说，经常给孩子换尿布的那个人更能得到孩子的安心托付。

其实我觉得很有道理，因为小家伙拉了臭臭，肯定不舒服，有人来帮自己清理干净，这个让自己舒服起来的人当然是可爱的。

简简单单的一件事，却大有学问。

如果你已经错过了孩子的“尿布期”，那就把握住孩子 2~6

岁的顽皮时期。

可以陪孩子一起去疯玩，偷偷给孩子塞一个他心仪已久的玩具；或者一起把家里的一些小玩意拆卸掉，跟孩子一起去研究；也可以跟孩子读一本特别搞笑、搞怪的绘本，编一个故事也不错。

如果你错过了这个时期，那就把握住孩子小学的求知期吧。

可以在晚饭后一起讲讲孩子感兴趣的话题，比如时事、车、比赛或者一本有趣的书。

如果能够在谈话中融入一点自己的人生感悟及科普知识，孩子就会更加崇拜你。

只是，这些似乎已经成为孩子们可望而不可得的东西。因为对于很多孩子来说，爸爸似乎已经成为一种奢侈品。

2

我们会发现，几乎每一个缺席的爸爸前面总是站着一个焦虑的妈妈。

当然，也有很多的妈妈是被逼着成长起来的，成为了一个强悍到可以把男人直接忽略掉的女人。

可在教育孩子的时候，她们往往还是力不从心，这就是很多妈妈深层次焦虑的来源。

记得很早以前有一个妈妈留言说了自己的情况：

老公结婚以前表现很好，工作的时候很努力，回家也经常帮忙做家务活，不抽烟，也很少去玩游戏。

可是婚后就变了样，刚开始的时候是疯狂地玩网游，后来就玩手游。

没有孩子的时候，他玩他的，我追自己的剧，找闺蜜逛街。

但是后来有了孩子，老公还是没有任何改变。

坐月子的时候，因为产后抑郁，加上身体的不适，我的脾气不好，老公却冲着我大吼大叫。

于是就一个人努力拉扯着，把孩子带到了两岁，不知道将来的路怎么走。

真的很累，是心累。

这个妈妈说出了多少妈妈的心声和现状。

3

有一句话说："我们做了父母，都不知道怎么做夫妻了。"

这是一个非常现实的问题。

爸爸的缺席，让妈妈更加关注亲子关系。

家庭关系里有这样一种情况：第一关系是亲子关系，第二关系才是夫妻关系。

亲子关系中，显然妈妈跟孩子更亲，爸爸往往退居二线。

很多时候这种情况是由爸爸造成的，有些爸爸没有积极参与到孩子的养育中，当妻子遇到育儿问题时，既不过问，也不分担，难以理解妻子的心情，甚至面对妻子对孩子的爱，不仅不理解，反而有着浓浓的醋意。

记得以前跟朋友们一起吃饭，一个刚做了爸爸的朋友就跟我们吐露了自己的烦恼。

自从有了孩子，感觉自己跟老婆越来越远，而老婆的眼里只有孩子，还说老婆已经有一年多不让自己碰她。

他是一个自己都照顾不了自己的大男孩，所以有了孩子，也没有认识到自己已经成为一个“爸爸”，应该跟妻子并肩作战。

很多婚姻就是从这个时候开始产生裂隙的。

一个妻子对婚姻的依赖、对丈夫的依赖都会因为丈夫的缺位而减弱，而对孩子的感情却不断增加。

妈妈从孩子身上获取安全感，她觉得这种血缘关系才是牢靠的。

可是这样的爱，往往过于用力，难以把控，也让孩子无法承受。

因为没有爸爸的参与，本应由爸爸去面对、承担的焦虑，都被妈妈带到了亲子关系中。

妈妈的焦虑、孤独、安全感不足往往跟爱裹挟在一起，投射到孩子身上，紧紧地扼住孩子。

孩子如困兽一般压抑、挣扎、无法逃脱，甚至在应该好好做孩子的年纪就过早地懂事，成为一个小大人，没有了童年的乐趣和天真，让人看着都觉得可怜。

4

爸爸的回归，是家庭重新拥有欢笑的关键。

这不仅仅需要爸爸的努力，也需要妈妈的引导。

男人初次做爸爸，表现总是迟钝的。

我记得自己当初刚刚有了孩子，也有一段时间没有融入进来，照旧加班、出差，觉得老婆一个人能搞定。

每次回来看到孩子笑着，老婆也少有抱怨，就觉得这挺好，我努力工作挣钱就好。

可后来才知道带孩子烦琐和艰难。

特别是孩子小的时候，更是难带，走到哪里都要抱着。

去外边买菜，怀里抱着孩子，还要提着菜，如果掉了一点东西，捡起来都很困难。

而在家里，就算是上厕所的时候都不放心。

孩子哭着，心里急；没听见孩子哭，又担心是不是出了什么事，分分钟不敢马虎大意。

老婆的心情也受到了影响。本来初为人母，不知道怎么去照

顾一个宝宝，努力去做好就已经很困难了，如果还没有帮手，就只能自己战战兢兢地走每一步。

心里的忧虑没地方说，只能压抑着。

如果没有爸爸的支持，这条路注定很难。

所以，一时的迟钝可以理解，长期的缺位却不可饶恕。

我觉得，对于一个男人而言，做好自己的工作只是一个小小的成就，而能够处理好自己的情感，经营好家庭，养育好自己的孩子，才更有幸福感。

在做爸爸这件事上，我们应该多点勇气去挑战，而不能像一个躲避困难的小男孩一样。

要相信，孩子会给我们带来很多意想不到的温暖。

和孩子在一起，我觉得心灵是轻盈而充实的，因为孩子能够唤醒我们的灵魂。

亲爱的，你不是脾气大，而是对孩子耐心不够

1

周日老婆开着车，载着我们去商场。

在一个掉头的地方，一辆黑色的小车从右侧猛地插过来，在我们前面强行掉头。

为什么就不能等等呢？

就那么几十秒的时间差，险些撞上。

如今，很多城市的道路上都会发生这样的场景，大家都见怪不怪了。

记得很早以前，我坐在一个朋友的摩托车后座上，他驾驶着摩托车在火车站广场前面的车流里穿行。

他没花多少时间就穿了出来，好几次跟大公交车抢位置。

我是吓出了一身冷汗，他却轻描淡写地跟我说："没事，不能等，一定要见缝插针，谁胆大谁就能有路。"

当下，急功近利成为一种常态。

可惜的是这种心态还折射到了父母对孩子的教育上。

我们常常说：“孩子，你慢慢来。”

可是慢慢来，慢慢来，你真的等得起吗？

你敢等吗？

“快点快点！”无数的父母在催着孩子。

“我跟你说过多少遍了，不能这样做。”

“我没时间跟你说，你自己去想。”

“赶紧去学，你同学、朋友都在学。”

……

看上去是家长脾气不好，其实是耐心不够。

今天生的孩子，恨不得明天就能成才。

看到别人家的孩子学这个，生怕自己的孩子落后，也赶紧去报名，而不管孩子内心是不是愿意，是不是真的适合孩子。

他们不断地去塞，塞满孩子的空余时间，塞满自己那颗焦虑的心。

2

没有耐心，所有的教育理论都是空洞、无力的。

常常有一些妈妈说：“我认真地读了书，看了案例，听了分析，觉得很有道理。结果回家一遇到问题，还是不行。孩子一闹，就火冒三丈。提醒自己控制控制，最后差点把自己憋死。”

这样假心假意地控制，常常会造成更大的伤害。父母必须先深刻剖析自己，做出行动，才能真实地面对自己跟孩子。

前几天中午，我在仓库整理书籍，把箱子搬来搬去地盘点，给平台的孩子们准备图书漂流活动的书籍，儿子也一直很配合地给我帮忙。

我们还找到了一本他非常感兴趣的数学绘本，小家伙乐呵呵的，觉得捡到了宝贝。

等我忙完说要回家做饭去的时候，却发现那本数学绘本不见了。

我精疲力尽地坐在椅子上说："算了，明天来找吧。"

"不行，我今天要看！"儿子开始不高兴了。

"我给你换一本，好不好？"

"不行！"

"为什么不行，你就当我今天没有给你找到这本书，何况我给你的书跟这本书是一样的。你这样做就是无理取闹。"我有理有据地进行劝说，希望他放弃那本书。

结果还是不行。

我开始有点上火，因为时间已经很晚了，早上买的菜都快捂坏了。

但这时我提醒自己，要有耐心，别发脾气。

"我再给你找一遍，如果这次找不到，就下次再找，好不好？"

"好！"

看到我真诚地愿意有所行动，儿子也退了一步答应了。

于是我又将刚刚搬过的箱子一一检查，看是不是夹在了书里。

结果花了近半个小时，一无所获。

我又耐着性子继续找，最后在一个箱子的后边找到了，原来书不小心掉进了缝里。

拿到书的儿子满脸笑容，我也擦了擦汗，跟他说："总算找到了，你好好读吧。"

心里庆幸这次我的耐心战胜了自己的焦急和脾气。

而冷静后想，其实孩子哪里有胡搅蛮缠的意思，他仅仅是需要爸爸帮忙找到自己喜欢的那本书而已，反而是我自己为了避免麻烦而找种种理由敷衍孩子啊！

这次，又对自己做了一次深刻的剖析。

3

有时候，父母的很多无名之火，是自己内心不安或是童年创伤的投射。

童年创伤一旦被触碰，就像开了闸门的洪水，它可能会席卷愤怒、羞耻、怨恨、疼痛等很多负面的感觉，一齐冲击你的心房。

记得有一次，我抱着一个很重的大箱子下楼，儿子跟老婆走在前面。就在出楼道的时候，以前一直给我扶着门的儿子，这次看到我抱着箱子艰难地走了过来时，只是瞧了一眼就把门给关上了。

我当时的心情一下子到了冰点，不得不放下箱子，打开门，再抱起箱子出去。

我感觉很无助，内心有一种难以控制的情绪涌起。

我大声地跟儿子说：“为什么不给我扶住门？”

小家伙说自己不小心把门给关了。

老婆说我的反应有点过分了。

那天一整个上午我的感觉都不好，后来我仔细地进行了自我分析，发现我的表现是由童年的创伤引起的。

因为我的一些经历，让自己变得特别怕被“抛弃”，而儿子把门松开，门狠狠地“哐当”一声关上时，这个闸门就被触发了。

所以说，在养孩子的过程中，我们会经常遇到那个童年的自己跟现在的自己招手。

幸运的是，你够努力的话，就有机会在爱和新的关系之下，进行自我剖析和修复。

4

没事的时候，我会带着儿子在小区附近转，让他熟悉周边的环境。

有一天他惊喜地跟我说：“爸爸，真是奇怪，走这边能回家，走那边也能回家。”

我当时一怔，小家伙还真是说出了一个我们都明白的道理——回家的路不只有一条。

我说："是有很多条回家的路，等你长大就会发现，条条大路通罗马。"

其实，每个孩子的面前都有很多路通向远方，不可能只有父母画出的那一条。

父母应该找到孩子心底的那条路。

父母不能强迫孩子，而应该耐心地帮孩子去寻找，鼓励他们努力往前走。

当你执着于自己的坚持，最后可能会发现：

你的种子永远不会开花……因为它是一棵参天大树。

有一本绘本叫《安的种子》，值得大家一读。

每个孩子都是一颗花的种子，只不过每个人的花期不同。

有的花，一开始就会很灿烂地绽放；有的花，需要漫长的等待。

不要看着别人怒放了，自己的那棵还没动静就着急，相信只要是花，都有自己的花期。

细心地呵护自己的花，慢慢地看着它长大，陪着它沐浴阳光风雨，这何尝不是一种幸福？

相信孩子！

静等花开！

也许你的种子永远不会开花……因为它是一棵参天大树！

面对孩子的时候，请真实地面对。

给孩子爱的同时，要有足够的耐心，再用一种孩子能明白的方式，这就是父母能给予孩子的最好的教育。

最后你会发现，自己也变得越来越好了。

尊重孩子和溺爱孩子的界限在哪

1

一个朋友发了一条微信说："如今做妈太难了，我是尊重孩子，却被老公和婆婆指责是溺爱。请哪位大神告诉我，什么样的爱是溺爱？"

其实，为人父母，谁没有这样的困惑？

严厉了，怕孩子变得胆小怕事；松懈了，又担心他调皮得无法无天。

刚开始，我就是常常被指责溺爱孩子的那个人。

记得在老家的时候，儿子常常跟奶奶一起午睡。

有一天，我在房内看书，突然听到儿子在对面的屋内大哭。

要知道他一般不会如此哭闹不休。

我过去一看，我妈倚靠着大门没有理他，让他在房内哭着喊着。

见我来了，她还说："你还不去管管你儿子。"

我进去后，只见他光着屁股在那儿哭着，原来是午睡尿床了。

奶奶没有动手打他，但是给他换裤子的时候，他说不穿那条绿色的裤子。

这时奶奶就火了，说尿裤子还没挨打，还好意思挑三拣四啊，边骂边把裤子给他套了进去。

现在裤子又被他自己给踹了出来，踢到了地上。

儿子哭成了泪人。

我知道他其实是尿床了，本身就不好受，怕挨批评，想转移我们的注意力，但是奶奶把事情全部连起来讲，让他的情绪失控了。

我去抱他的时候，他还想踢开我。

我就隔远一点坐在他边上，跟他说："尿床了没关系，爸爸小时候也经常尿床，有一次还被你奶奶打了屁股呢，但是我长大一点就没事了，再也没有尿床。"

听我讲起了故事，儿子的情绪稍微缓和了一点。

"来，告诉我，为什么不穿这条裤子？"

"痛，穿着不舒服。"

我掀起他的衣服看了一下，还真的是松紧带太紧，勒出了印子。

"原来是太紧了，没事，爸爸给你换一条。"

这时他就不吵闹了。

看到我在柜子里找衣服，我妈就批评我："就知道惯着他，我看你今后怎么管得了。"

我没有说话，因为我知道，孩子这时候需要理解，需要安慰。

如果这也是溺爱，那我愿意就这样爱着他。

2

我曾在知乎上看到一个非常感人的小故事：

一个小男孩看故事入了迷。

故事里说有人给国王贡献了一条桌布，这条桌布脏了不用洗，在火里一烧就干净了。

原来这个桌布是石棉做的。

小男孩死活不相信居然有烧不着的布，男孩的爸爸为了给他演示，不顾妈妈的反对，拆了家里的电热杯，从里面拿出石棉，然后放到煤气灶上烧给他看。

果然那块石棉没烧着，反而变白了。

从此小男孩知道了石棉燃点高这个事实。

二十年过去了，爸爸在电话里问他：QQ为什么登录不了，怎么下载电影，为什么显示器不亮，电脑越来越慢是怎么回事……

每当他犯懒不想回答时，他就想起二十年前的那个周末，在燃气灶上安静躺着的那块石棉。

这样的故事，发生在自己身上又会怎样呢？

大多数父母会说："你太小了，以后再说。"

或者直接说："不能这样做，不要问了。"

而父母的态度往往会影响孩子，这种影响有时候会持续一辈子。

孩子会慢慢地习惯父母的冷漠，与父母产生隔阂。

当有一天父母心情好了，想着跟孩子亲近，可发现孩子早就习惯没有自己的时光了，也送自己一句：“一边玩去，我有事。”

3

虽然我们很难给尊重和溺爱画出一条界线，但还是可以去找参考点。

我觉得有两个参考点可以考虑：

一是看父母是不是尊重孩子还是一个“孩子”；二是看孩子发脾气或者表达需求时，是因为能力的限制还是故意地使性子。

这其实就是对父母的考验了。

尊重孩子还是一个孩子，不是说对孩子放任不管，说“孩子小，什么都不懂，以后再说”，而是能站在孩子的角度去考虑他们的需求。

而有了这个读懂的基础，才能明白孩子是能力有限，还是在故意地使性子。

我们见过太多被溺爱毁掉的孩子，被毁掉的原因要么是父母总是给予他们放任而没有规矩的爱，要么是父母被孩子控制，失去了原则和方向。

其实，很多时候，孩子提的小要求并不过分，那是他们内心的渴望呀！

上次看了一位妈妈的文章，提起一家人去海边玩耍的故事。

回家的路上，孩子因弄丢了贝壳而哭闹不止。

因为天色已晚，妈妈并不想宠溺孩子，折返回去，而是想让孩子接受“人生是充满无奈的”，而爸爸却答应陪孩子回去再捡一次贝壳。

这时孩子喜笑颜开，开心地捡回了满满的一袋贝壳。

这次经历，让妈妈感到震撼。

因为孩子一直记得这件事，还跟老师、同学分享这个温暖的故事。

我们读故事都能感到温暖，何况是这个小小的主人公呢？

爸爸的一个小举动，一个理解、体贴的让步，让孩子一生都会感到温暖。

人生的确充满了无奈，不是什么事都会顺心顺意。

但是在孩子成长的过程中，父母为什么不多给孩子一些这样的温暖呢？

孩子有时候真的只是一个孩子而已，要多给他们一次机会。

4

在养育孩子的路上，请一定多一点耐心，而且要有足够好的心态来应对孩子们稀奇古怪的问题和需求。

记得有一次我在厨房给儿子做带鱼吃。他就在一边看着问我：“带鱼的牙齿尖不尖？”

我说："很尖的。"

他就说要我给他。

拔那小小的尖牙真的很难做到，但是我灵机一动，说送一个带鱼的大嘴巴给他，更酷，于是就把那个尖尖的嘴全部剪下来给他玩。

孩子每次吃小龙虾，都会选一只最大的"钳子"做玩具。

对于这些稀奇古怪的要求，老婆刚开始常常不理解。

后来我悄悄说："我小时候更过分呢，男孩都这个样，正常。"

而有时候，老婆在整理东西的时候，也会不小心弄丢儿子这些特殊的小玩具，他就会哭着要妈妈给找回来。

怎么办？

于是家里就会经常发生一家人翻开垃圾袋找东西的场景。

最后就算没找到，儿子的气也会消掉一半，而妈妈也学会在丢东西前询问一下这件东西小家伙还需不需要。

这就是小小的尊重吧。

瞧！这看上去像极了溺爱，可这都是孩子正常的表达和需求呀！

他们一点也没有控制父母的意思，反而让妈妈得到了成长，学会尊重孩子。

我们不要太害怕，用心地做，大胆地爱。

为何家会伤人？
透过这面镜子，你看到了什么

1

你知道吗？

做父母也是有有效期的。

几年前从龙应台的文章中第一次看到这句话时，我的心猛地一惊。

她写道：

在孩子小的时候，父母对他们来说是万能的，是完全可以依靠的。

这就是父母对孩子教育的黄金时期。

等孩子到了青少年时期，父母的“有效期限”就快到了。

“过期”后的父母再怎么努力，也不像十年前那么有效了。

而父母意识到这个问题时，孩子往往已经进入青春期，之前家庭教育存在的问题，集中爆发。

有人说是父母的更年期遇见了孩子的青春期，所以矛盾迸发了，可真正的问题根源还是来自家庭教育。

2

每个“问题孩子”的背后，一定有个“问题家庭”。

最近，央视纪录片《镜子》首播。

之所以取名为“镜子”，是因为“孩子是家庭的一面镜子，而家庭更是社会的一面镜子”。

纪录片只有三集，一共九十分钟，央视社会与法频道经过十年策划、两年拍摄，完成了这部纪录片。

我认真地看完了三集，感触很多，一时间难以消化，因为值得思考的地方太多。

印象最深的是那个不再相信爸妈的孩子。一个孩子不再相信自己的亲生父母，那是一种什么样的对抗？

哪怕父母说自己上完父母学堂的课程之后会改，他也一点都不相信。

父母以为他是因为早恋而不想上学，从来没有真正地站在孩子的角度去考虑问题。

儿子说不相信妈妈会改，因为40年的脾气不是说改就能改的。

他虽不断试探着父母，但是内心如同坚冰，同时却将希望放在小小的女友身上。

看看这些孩子，都对我们说了什么？

“我觉得我们不是中了病毒，而是开始有了自己的感受。”一个 12 岁时辍学的女孩说。

“我觉得这里挺好，虽然物质条件差一点，但是精神感受上好很多。”

“我告诉你们，最好不要抓着我，你们抓着我是控制不了我的。”

……

这是对失败的家庭教育的控诉。

3

有父母说，孩子变成如今这样，完全是自由惯了，我们给了孩子太多自由了。

而实际上，对于孩子，很多家长在行为上放任，在精神上却紧紧管束。

就拿如今风头正盛的共享单车来说。

有一次我在米粉店吃米粉，看到一个男孩高高兴兴地跑进来，跟妈妈说自己找到了一辆自行车，不需要付钱的自行车，等会儿要骑回家去。

本来是共享的东西，但是那把锁被人撬了，这个孩子像捡到宝一样，想把车占为己有。

父母要不要教？怎么教？

如今，能让孩子有一个健康的心理，有一个正确的价值观，成为教育的重中之重。

情感教育的缺失，成为很多家庭要面对的问题，因为学校教育无法弥补孩子在情感上的缺失。

影片中的夏阳是留守儿童的典型代表。

他的父亲是船厂工人，母亲在做保姆。

25 岁的夏阳不想工作，沉迷于网吧，没有朋友。

沉默的父亲借了 1 万元外债，送他去训练营，希望能改变孩子。

已经 25 岁的他真的不能说是一个孩子，而应该说是一个男人，能承担很多责任了。

可他一直是留守儿童，好像一直没有走出来。

在他的世界里，父母是缺位的，没有父母的爱的注入，孩子的心理就会扭曲。

我们村也有一个 26 岁的“小孩”。他妈妈在他 10 岁的时候病逝了，他一直由奶奶带着，但是奶奶非常宠溺他。

一看到爸爸教育儿子，就说没娘的孩子被欺负，然后就一把老泪地搂着孙子。

而爸爸又长期在外边打工，管得越来越少。

他中考的时候成绩一般，就没有继续读高中。

敏感的他必须面对一个严峻的事实——找工作。

可外边的世界哪里有奶奶的怀抱那么温暖呢？

吃不了苦，流不了汗，干三天活就玩两天，最后回家过年的车费还要爸爸打给他。

如今就常常通宵混迹在网吧里，回家就睡觉。

他敏感而暴躁，让人无法靠近。

从小缺乏父母的爱和正确教养的人，往往会形成这样的人格。

个体心理学认为：人格的发展，是一个整体，而不是一个片面的阶段。

所以看这部纪录片的时候，我发现，虽然导演记录的是青春期孩子的问题，但是我们从这些问题父母的反思中大致能看到，其实问题在很早以前就埋下了，只是父母从来没有意识到这些问题。

4

其实，跟孩子比起来，父母更需要接受教育。

一个爸爸说，如果自己能早五年参加这样的家长课堂，他跟儿子的关系也不至于变成这个样子。

这个爸爸之前怀疑其他的一切，就是不怀疑自己的判断。

儿子威胁他说要跳楼，他还刺激儿子，说想跳就跳，他觉得儿子没有那个胆量。

而当辅导老师谈及孩子的问题时，他会说儿子在骗老师，因为他的儿子他清楚。

而实际上呢，他只是用自己非常武断的方式给儿子贴上“坏孩子”的标签。

这样的亲子关系怎么会不紧张？

更可怕的是，有太多不愿面对问题、不愿承认问题的父母，他们对学习保持一种拒绝的态度。

其实学习不是说一定要去参加培训，而是要有一颗谦逊的心，愿意改变。

而那些拒绝学习的父母，往往有充分的理由，比如相信自己的方法是对的，比如公司离不开自己，必须加班。

说来说去，都是孩子的错。

但最后他们才发现，原来是自己先犯了错，还一错再错这么多年。

有一位做教育的朋友问过我：“我们常常说要父母自我成长，到底应该怎么成长呢？”

我觉得，成长来自自我剖析、自我反省、亲身实践。

世间没有完美的父母。

很多人说小小鱼很幸福，因为有我这个好爸爸。

其实，我身上的问题还有很多，但是我会不断地反思。

如果伤害了孩子，我会道歉，更会告诉自己如何去改正。

要及时，不要总是等着，因为等着等着，孩子就长大了，到了那时候，孩子会觉得你的道歉没用。

因为没有彼此信任的基础，没有亲密的亲子关系，就算你的爱一直在那儿，孩子也是感觉不到。

就好像，你永远也摸不到镜子里的那个你。

当孩子真的到了青春期，父母的作用就已经微乎其微了，这个时候只能靠社会教育了，但是你又变得不敢放手。

而幼年一直被溺爱、被忽视、被父母控制的孩子，突然有了自我意识，于是加倍地反抗。

他们不想成为父母眼里的那个自己，于是产生逆反心理，你要我做什么，我偏不做；你不想我做的，我偏要做。

到了这个时候，父母往往无可奈何了。

为人父母，一定要从孩子一出生就重视家庭教育，有自我学习的意识。

有的话，永远不要跟孩子说

1

如果要找一句话让孩子自卑又难受，那么非这句话莫属：“我怎么生了一个这么笨的孩子！”

有一个朋友，他说自己一直害怕犯错误，没有安全感。

他一直以为是性格问题，后来才知道是家庭的影响。

他说：“从小到大，不管我做什么、说什么都不对，爸爸很少肯定我。在外边跟同学打架了，二话不说，直接开打，骂我调皮惹事。在餐桌上，有时讲话讲到一半，爸爸就会在餐桌底下狠狠地踢我一脚制止我，要我别说了。每次被踢，我都很受惊吓。”从小没有得到父母肯定的孩子，往往会缺乏自信心和安全感。

前几天从邮箱里看到一位妈妈的来信：

我家先生个性内向，不喜交际，和女儿的关系一直很糟糕。

每次看到他俩这样，我心里都很无助。

有一次女儿说要听写，爸爸就给她听写，中间有字不会写，爸爸就要求她把不会写的字都写几十次。

女儿就哭了，说不想写，觉得太多。

爸爸就说自己读书的时候，抄书比这还多。

女儿就一直哭。

这时爸爸更加烦躁，开始骂了起来。

事后当我跟他谈的时候，他的态度也很不好，

事实上每次他都没有耐心，对着女儿要么骂，要么就说不管她，有时还骂“我怎么生了一个这么笨的孩子”。

真的想抱抱这个被骂的孩子。

爸爸的否定一次又一次对她的心灵造成了伤害。

孩子就算真的不会做，或者慢半拍，也是可以想办法的呀。

特别是辅导孩子做测试或者做作业这件事，常常考验父母的智慧和耐心，因为这个时候父母心里的怒火很容易被点燃。

“为什么这么简单的东西也不会！！！”（你用几十年的经验和孩子比？）

“为什么我生了这么笨的你！！！”（你一直觉得自己很聪明？）

“给我再来，写，重新写几十遍。”（恨铁不成钢的爱变成了罚。）

我也曾为这事恼火过。

有一次，我教孩子背一首七言绝句，儿子怎么背都有一句背不过。我当时感觉心底有一股火苗蹿了起来，但我不想吓到他，就去外边喝了几口水，告诉自己冷静，不是已经背了三句么，完

成了 75%，不错不错。

当我回来时，他看到我的脸色没有那么难看，反而放轻松了。又带他读了三遍，基本能背过了。

当我们控制怒气，把任务分解的时候，往往就不会那么冲动、发脾气了。

当你责备孩子笨的时候，往往是内心的那个“小孩”在掠夺你的理性。你把孩子当作自己的作品，不好看的、没成器的作品总是会让制造它的人发怒，甚至让人想把它毁掉。

可是孩子是作品吗?

不，他们是跟我们一样的人——他们小小的身躯里装着一颗渴望理解、需要尊重的心。

2

很多父母喜欢给自己的孩子贴标签，而自己却往往察觉不了。

而等有所察觉的时候，孩子可能已经受到了伤害，让父母后悔莫及。

我们的孩子需要什么样的爱?

下面这位妈妈的来信值得我们思考，尤其是值得爸爸们反思。

我家男孩快 11 岁了。

我老公没事的时候非常喜欢玩游戏和看游戏视频，父子俩的关系不是很好，我觉得他们的沟通方式有问题。

一般他不管孩子，要是孩子有什么做得不好的地方，他就会骂孩子，经常用一些不好的话语去形容孩子，甚至说他以后就是怎样怎样的人了。

真怕孩子会被他说得越来越没自信。

我一直希望孩子能有一个好父亲为他树立榜样，但是他的爸爸还在用老一辈的育儿思路教育他，高兴就管，不高兴就不理，犯错就骂。

我很想他能多陪孩子玩玩，给他一些正确、积极向上的引导，而不是除了赚钱给孩子花之外，什么都不管。

看完这封邮件，我有三个感受：

第一，爸爸总是玩游戏，还有时间看视频提升自己的游戏技能，是一个爱学习的好爸爸，要记得多把劲儿往孩子身上使点，叫你爸爸的不是游戏。

第二，这个爸爸平时不管孩子，但是孩子一有不对的地方就去骂孩子，而且给孩子贴标签、下定义，让自己做父亲的威风尽显。可是我们真不是为了骂孩子而存在的啊，爸爸！

第三，能挣到钱，就是老大，对得起家，其他的不要来烦我。可是除了物质，还有精神上的引导和交流呢？我们可不是游戏里的主人公，给装备就升级，花钱就满血，我们是有情感的人。

你是不是还要继续这样下去？

到时候真的不要后悔。

所有的孩子都期待被呵护、被接纳，可是一旦被父母恶意、不友善地对待，孩子就会感到受伤，感觉被背叛，而且这样的感受会一直“过不去”，停留在记忆里，一辈子不散。

3

我们都会有这样的经历：

在小的时候，会非常在意大人们对自己的评价，当然好的评价、差的评价都会有，但是每个孩子都想要好的评价。

孩子在成长过程中都有一个这样的阶段，开始评价自己，“自我概念”开始发展。

从心理学的角度来看，家长以积极的态度对待、暗示孩子，孩子就可能朝着积极的方向前进；相反，如果对孩子存在偏见，或者总是说些负面的话，孩子就很可能会朝着相反的方向发展。

比如父母常常说孩子“你真笨”。

孩子做作业做错了，就说：“你真笨！以后也是这个熊样！”

孩子跟其他小伙伴在外边玩的时候起了争执，如果被其他的孩子欺负了，父母就说：“你真笨！为什么每次都是你被欺负，你就不会打回去啊！”

孩子考试成绩不理想，父母就说：“你真笨！就不是一个读书的料！”

长此以往，孩子就会变得畏畏缩缩，做什么事都怕，因为怕别人说自己笨。

可怕的是，孩子到了最后，也会觉得自己真的笨，因为父母和周边的人都说自己笨。

4

一句话，往往能改变一个人的一生。

对孩子而言，一句话的威力有时出乎我们意料，特别是孩子最信赖的那个人说的话就如同孩子的人生判决书。

有一个这样的小故事：

一个黑人出租车司机载了一对白人母子，孩子问妈妈："为什么司机伯伯皮肤的颜色和我们不一样？"

母亲微笑着回答："上帝为了让世界缤纷，创造了不同颜色的人。"

多么让人感动的睿智而善良的回答呀！

到了目的地，黑人司机坚决不收钱，他说："小时候，我也曾问过母亲同样的问题，但是母亲说我们是黑人，注定低人一等。如果她也能像你这么回答，今天的我可能是另外的我……"

父母不能将自己脑子里的人生观、宿命论附加在孩子身上，也不要将自己的那些愤怒和戾气倾泄给孩子，因为你说的那些话，会影响孩子人生观、价值观的形成。

温暖的话会温暖孩子的一生，而那些伤人的话也会像噩梦一样紧紧纠缠孩子。如果你曾不小心伤过孩子，让他们受伤、流泪、感觉被背叛，请记得道歉，去抚平伤疤。

孩子的规矩，常常被大人毁了

1

我们常常感慨，如今的孩子越来越不守规矩了，被宠坏了。

我晚上去小区门口的超市买东西的时候，总是会遇到一群孩子围在超市门口，怀里抱着一堆零食，嘴里吃着，手里还拿着不少。

可不要怪小孩馋嘴，因为最后买单的都是父母。

实际上，不是孩子变得没有规矩，而是守规矩的大人不多。

很多父母所谓的规矩是这样的：我觉得要这样就这样，等当时的情境过去了，心情变了，刚刚立下的规矩马上就变了。

这是规矩吗？

不是的，这只是父母占的一个小便宜，或者说用来管束、欺瞒孩子的小伎俩而已。

还有人说，在这个时代，你守规矩就是傻子，你看那些不守规矩的人活得多潇洒。所以在窗口排队时，总是有人会找理由插队。

记得有一次带儿子去迪士尼，就遇到了好几次插队的情况。

有一次是两个女孩爬过护栏跳在我们前面，只为了早点坐大旋转木马。

当时她们瞧了我一眼，我也不知道说什么好。

儿子跟我说："爸爸，她们怎么不排队？"

我只能跟儿子说："她们应该是在这里工作的姐姐，她们比较急吧。"但我的内心为自己找的这个理由感到不舒服。

知乎上有一个网友写了自己守规矩被训话的事：

小时候刚会骑自行车，爸妈就带我上街遛遛，遇到红灯就一边自己狂冲一边回头对我大喊"快点冲啊"，不过我都是乖乖等到绿灯亮了再走，等追上大人就免不了挨一顿训："怎么那么怂，反正没车，一冲就过了啊，还害我们等你。"

这样的事太多了。

很多父母总是为自己的行为找理由，一边教孩子守规矩，一边又破坏规矩。

最近晚饭后我都会带儿子去楼下的广场玩，经常会看到很多爸妈拿着手机玩，孩子们就聚在一起玩自己的。

有一次，一个男孩因为小伙伴都不跟他玩，就找到妈妈，要玩妈妈的手机。

当时他的妈妈就严厉地教育他："谁说可以玩手机的？不是说了小孩不能玩手机吗？这是规矩，去玩你自己的。"

"那你陪我一起玩嘛。"

“妈妈还有事。”

“我不能玩，为什么你就能玩？”

“因为我是大人，需要用手机处理事情。”

“那你为什么一直有事啊？”

其实她是在手机上打麻将。

如果孩子知道妈妈的正事是打麻将，不知道他会怎么去理解那个规矩呢？

2

有时候，给孩子树立起来的规矩，也可能被破坏掉。

这几天我奶奶在我家住，快八十岁的老人对小曾孙自然是疼爱有加。

但是让我头疼的事也常常发生。

比如给孩子树立的规矩，老人看上去是帮忙，实际上是在捣乱。当我们吃过饭后，儿子都是自己收拾面前的桌面，把掉落的饭粒或者食物的残渣扫进自己的碗里，然后送到厨房的洗碗槽那儿。之前一直做得很好，有时候我跟儿子两个人中午吃饭，他还会顺道把我的碗也收拾了。

但是老人一来就每次都抢着收拾，小家伙不让，她还说没事没事，想抢过去。

另外我跟小家伙还有一个约定：每天上午不能开电视机，下午可以开一会儿。

老人来了之后，刚开始我怕她一个人无聊，就在上午给她开一会儿电视。

这时儿子就会凑过去，想调台。

我说要他去玩自己的，或者学习一会儿，老人又说我太严格，看看电视没事，还偷偷地给他调台。

后来我重新说了一下规矩，电视机只在下午才会被打开。

3

有一些妈妈问，给孩子树立太多的规矩，会不会让孩子变得畏畏缩缩的?

还有一些妈妈搬出一些专家的观点，比如说孩子要释放天性，要让他无拘无束地发展。

可是，孩子天生就是守规矩的，我们父母要做的是好好维护他、引导他。

《童年的秘密》这本书为我们揭示了孩子对于秩序的强烈感觉。

从出生到两岁多这段时间是孩子对秩序最敏感的时期，因为他需要一个有秩序的环境来帮助他认识事物、熟悉环境。

一旦他所熟悉的环境消失，就会令他无所适从，而且这种对于秩序的强烈感觉会在3~5岁这个阶段不断地发展。

如果父母意识到了这个敏感期的到来，往往能为规矩意识的建立培养内在的心理基础，而不是靠自己那严厉的控制和管教。

跟孩子立规矩，需要尊重孩子，

那些被父母严厉管教着的孩子，往往趁父母不在就大变样。

他们畏惧的是父母一时的威严，而没有形成内在的自觉。

4

当孩子有了内在的自觉，他们的安全感反而会增加。

对于幼儿来讲，秩序是生命的一种需要，就像呼吸需要空气一般。

当秩序感得到满足时，幼儿就会产生一种自然的快乐，这种快乐意味着一个人能支配他所在的环境中的所有细节。

父母首先必须给自己树立这样的观念：给孩子立规矩绝不是为了束缚孩子的行动。

因为对孩子来说，规则意味着安全，而不是束缚。

每个人都有自己生活的界限，你需要安全自由的界限，就需要有东西来保护这个界限，这就是规矩。

如果你遵守规矩，就是保护了他人的界限。

很多关心孩子心理成长的父母都非常看重一个词——安全感。

安全感的构建来源于父母的肯定，而不是来源于溺爱和纵容。

孩子在实际的交往中，有了规则意识，就会知道：

我不打扰你，你也不会随便打扰我；我知道自己是安全的，因为身边的人会遵守规则，不会欺负我，不会打搅我，也不会莫名其妙地讨厌我。

而且，孩子知道自己遵守规则，会得到尊重和欢迎。

而很多没有规矩的孩子，非常容易犯错，到了一个集体就变成最不受欢迎的那个人，被其他人指指点点。

在培养孩子规则意识的过程中，父母承担着榜样的作用。

父母要树立正确的价值观，并通过自己的影响，建立规矩，言传身教，用正确的价值观影响孩子，促进其健康成长。

我把给儿子定的三个主要规矩，分享给大家：

自己能做好的事，自己想办法完成 。

每天一定要读书学习。

去小卖铺买零食，一次可以买一样，也可以不买。

在实际的操作中，最为关键的就是父母要管好自己，并且持之以恒，否则规矩也就不是规矩了。

好的父母告诉孩子是这样学习的，扫码了解一下。

这样定规矩，孩子不会抵触

1

常常有妈妈留言问孩子不听话该怎么办。

“不管我怎么说，他就是不听，非得我发脾气大吼才行。”

我们常常说要做一个平和的妈妈，但一转身就发火了。

前几天我发表了一篇文章《很多父母，被孩子惯坏了》，留言中有这么一条：“关键是有的孩子就像在挑战你的情绪一样，让你平和不起来。一件事，好好和他说，他不听，他还对你发脾气，用挑衅的眼神看着你，我是心平气和地和他说了半小时，结果不听我的，我才发火的。要是换成我同事，早就一巴掌甩上去了。我觉得我脾气已经够好的了。但是我娃给人的感觉就是吃硬不吃软。好好说不听，非要发脾气对他吼，他才听。”

这段话是点赞最多的一条，说出了很多父母的心声。

其实不是我想吼孩子，而是孩子不听话，还挑战我的脾气，那我就要给他一点颜色瞧瞧。

听起来，好像一切都是孩子的错。

其实，你换一个角度来看的时候，会惊奇地发现，在这一场情绪的战争中，父母不仅误解孩子太多，而且还自以为是地做了裁判。

靠发脾气逼孩子听话是最不可取的，因为坏脾气只会养出脾气更坏的孩子。

2

理解孩子，请站在孩子的角度去考虑孩子的行为。

从孩子的磨蹭说起。

比如有妈妈说孩子做事很拖拉，吃饭慢。

那有没有想过这件事是不是孩子喜欢做的呢？饭菜是不是孩子喜欢吃的呢？

每次我说带儿子去看电影，他做事的速度比平时要快一倍。

而一旦做了他喜欢吃的菜，基本不用你叫他，自己就凑过去，吃得又多又快。

有时我匆匆做的饭菜，并不可口，小家伙实在是吃不下去了。

这时发脾气肯定没用，只能在饭菜上下点功夫。

这不是孩子挑食，而是我真的没有用心做啊。

有了这样的同理心，你就不会因为孩子的磨磨蹭蹭而发脾气了。

因为你懂他行为背后的原因，对于孩子来说，这是非常珍贵的。

而孩子为什么发脾气？

这就考验父母的耐心和观察力了。

一旦弄清楚了原因，问题往往就能迎刃而解。

而弄清原因最好的办法，就是放下自己那不可一世的家长权威。

蹲下来，先接纳孩子的情绪，然后站在他的角度想想，跟孩子耐心地沟通。

当孩子感受到了你的真诚和接纳，他们也愿意把情绪说出来。

这可是让他们学会管理情绪的关键一步。

3

请马上满足孩子的合理需求，不要带条件。

孩子总是会跟我们提出需求，那什么是合理的需求？

就拿孩子坐在地上玩这件事来说，很多父母为这个头疼。

一看到孩子坐在地上，马上就喊：“快起来，地上脏！”

孩子不理会，继续玩自己的。

这时大人就气急败坏地扑过去，把孩子拎起来，然后说一大

堆不能坐在地上的理由。

当然，孩子在户外，随便找一个地方就坐下，肯定不妥。

这时如果孩子想要这样，就是不正当的需求。

我们可以告知孩子原因，并且找一个能坐的地方。

但是在家里，很多父母也不准小宝贝坐地上，甚至为这个事担忧。

我觉得这个根本就不用担心，因为环境允许时，孩子这样的需求就是正当的了。

儿子从幼儿园回家后，也常喜欢坐在地板上玩。

刚刚明明还在沙发上的，一眨眼就坐地板上了，或者跪在地板上，趴在桌子上玩。

刚开始我们还说他，说地上凉，一见他坐着就提醒他。

有一天，我看到老婆很久没用的瑜伽垫，就想到不如把它放在沙发前的地板上给儿子用，这样他就能自由自在地坐在地上玩了。

此后，我们再也没有为这件事烦恼了。

不需要再吼，也不需要操心提醒，孩子在那儿玩得很开心。

孩子们都喜欢坐地上玩，这是天性，因而孩子这样的需求就是正常需求。

父母可以做一个小小的改变，满足孩子这样的需求。

仔细一想，生活中还有很多这样的情形。

常常是大人强势而专制地设定一些条条框框，让孩子的一些正当需求被压迫着。

可惜的是，孩子小的时候，并不知道跟你说："爸爸妈妈，我需要一个大大的垫子。"

4

最后一点，也是最重要的，那就是培养亲密关系。

我们养育孩子，绝不是为了养一个唯唯诺诺、没有主见的孩子。

所以，依靠发脾气来逼迫孩子听话，是父母不能犯的错。

在所有的亲子关系里，信任而亲密的关系是非常难得的。

因为有了信任，父母说的话，孩子会听。

在最初的时候，父母总是能轻松地获取孩子的信任。

比如一个小宝宝，会因为妈妈的微笑，敢于跨越视觉悬崖的考验。

因为妈妈的微笑在孩子的眼中是安全的，他们把自己的全部，包括生命，都交付在妈妈的手中。

可是当孩子大了的时候，他们会发现自己的父母常常跟自己撒谎，承诺的事一再改变，甚至变卦；他们会发现自己的想法没有得到认可……这些会导致他们不再那么信任父母。

如果父母没有注意到这一点，没有去顾及孩子的心理变化，而是把孩子交给老人，自己只知道为了孩子更好的物质生活而打拼，那么你们之间的信任和亲密会慢慢消失。

当有一天，你突然发现孩子变了，变得完全像一个陌生人，你说什么，孩子都觉得你是找茬，而孩子说什么，你都觉得带刺。

想让孩子听话，还要记得，守护住亲子间的这份信任和亲密。

做好这些，我想，孩子们会很乐意守规矩的。

何况孩子们本身也有寻求秩序的意愿，关键看父母是不是在这方面做得足够好。

四

孩子的情商与家庭环境

爸爸决定一个家的温度

1

每次我写关于家庭的文章，常常会有妈妈留言：“爸爸去哪儿了？鱼爸，你要努力唤起爸爸们对家庭的关注。”“要提醒爸爸们努力成长，不能光妻子们在成长，他们还准备做自己的中年油腻男。”

在很多妈妈群里，妈妈们都称呼自己的丈夫是“猪队友”。

有些是因为无奈，有些是因为玩笑。中间夹杂着期待，又有着失望。

爸爸到底有什么作用呢？

大部分的爸爸，都是在慌慌张张中变成了爸爸。

在孩子落地之前，他也许充满了期待。

可是一看到那个娇柔的小生命被捧在手里时，内心的紧张可想而知。

幸运的妻子会得到丈夫的体贴照料。

懵懵懂懂的新手父母就这样相互扶持着，开始了一段不寻常的路。

记得刚开始，老婆比我要谨慎得多，不敢给小家伙换尿布，因为婴儿那摇摇晃晃的脑袋，不知该怎么去扶着。

于是，我勇敢地去尝试，小心翼翼地给孩子换了尿布。

后来开始学着一起给儿子洗澡，因为得有一个人扶着，一个人给他洗。

没有做过这些事的人，永远不知道一个人去做这些事是一种怎样的折磨。

每位母亲，都渴望有人帮帮忙。

如果家里有老人帮忙还好，可老人也只能帮着照料日常生活。

妈妈们的内心，其实更渴望有丈夫的陪伴，因为丈夫的参与在心理上起的作用要比老人大得多。

无论何时，都要记得把孩子妈妈的心理照顾好。

特别是刚做母亲的那会儿，妈妈们的内心压力比爸爸们大很多很多。

她们不仅仅要哺乳，还要时刻照料孩子，几乎是二十四小时、不分昼夜。

有哪个爸爸能做到呢？

在心理学家温尼科特看来，爸爸应该是妈妈的保护者和照顾者。

正因为有了爸爸的保护，妈妈才能与婴儿发展出亲密关系。

所以说，爸爸决定着妈妈的幸福，决定着一个家的温度。

2

爸爸的一个核心功能是让妈妈幸福。

温尼科特提到：在家庭中需要父亲来让母亲在身体上感到舒服，在心灵上感到幸福。

每一个孩子对父母的关系都非常敏感。

我们会发现很多的问题孩子，问题的根基其实都出自家庭关系。

父母的关系如果是温暖甜蜜的，孩子就会感受到，并且会从内心告知自己去努力，好好维护这种关系，不能因为自己的不当行为而导致父母关系紧张。

可一旦父母之间的关系冷漠僵硬，那孩子会感受不到爱，他们会变得迷茫、多疑、暴躁起来。

因为没有安全感的家庭环境，只会让孩子变得更有攻击性。他根本找不到更好的方式去表达自己的不满和失落。

记得有一次，一个朋友家的儿子离家出走了。才10岁的孩子，已经多次逃学。

有人说孩子不懂事，可我们知道这个孩子之前是非常优秀的。

自从丈夫出轨，夫妻间吵闹不断，最后两人说要离婚之后，孩子就变成了这个样子。

一个不争气的男人，亲手毁掉了一个家庭。

记得有一部印度电影《神秘巨星》，里面最让我解气的情景就是那个暴力无情又不可一世的爸爸被甩在机场，而小主人公和妈妈一起坚决地离开了他。

当初女儿劝说妈妈跟他离婚时，妈妈说自己不会离婚，爸爸只是脾气不好。

可是最后他对女儿的态度，让这位勇敢的妈妈彻底绝望，最终做出了离婚的决定。

当时那个动不动就对妻子拳打脚踢、把女儿的梦想砸得稀巴烂的男人，彻底蒙了，他只能带着 10 个大箱子，推着自己年老的姑母，去国外做事了。

真的无法想象他会怎样度过余生，但我想他接下来的人生就是后悔和反省了。

可世间有后悔药吗？

3

在家里，爸爸有他的位置，并且不可替代。

每一对父母都要明白，爸爸的角色是不可或缺的，也是不可替代的。

遗憾的是，有很多人不是这样想的。

记得有一次在小区里听到几个老人在聊天。

“男人就是要干事业的，哪有时间带孩子啊！”

“我家媳妇还怪老公不陪孩子，也不看看我儿子每天累成什么

样子。”

“就是！孩子交给我们带就好了。”

这就是很多人的真实想法，说“男主外，女主内”，而且这句话还传承了很多年。

男人就要去外边闯，孩子交给老人和女人就行了。

所以有的男人挣了一点钱回来，就觉得自己了不起。

把妻子当作保姆，自己像大爷一样，在家里家务不沾、厨房不进。

外边一个电话，马上就呼啦呼啦地跑了。几个电话打过去，总是有理由不回家。

其实，在家里做做家务，下厨给家人做一顿美味的饭菜，当妻子忙得团团转的时候，帮孩子洗洗澡或者搭把手晾晾衣服。你会发现其实这也是乐事，还能给妻子一个好心情。

而且，你要明白孩子的成长需要爸爸的参与。

很多事，爸爸做起来，更擅长。

4

每一个聪明的妈妈，都要记得好好利用爸爸们的优势，创造机会让爸爸们参与到孩子的成长中来。

总的来说，爸爸们的作用有这几种：

第一，极大地丰富了孩子的世界。

大大咧咧的爸爸，是带孩子去探索这个世界的最佳人选。比如玩体力游戏，哪个孩子不喜欢在爸爸身上爬高呢？而且爸爸们参与到孩子的游戏中，会给孩子带来很多新的感受，也会多一些视角和玩法。

而且有的爸爸还擅长制作东西，那就带孩子亲自去做一些手工，或者维修一些东西吧，这些都是非常丰富的生活经历。

第二，帮助孩子树立规矩意识。

一旦有妈妈问我该怎么让孩子有规矩时，我都会谈到爸爸的作用。

其实在很多家庭，妈妈是管教孩子的权威，而爸爸就不管不问，这样的权威是不会长久的。

因为随着孩子的成长，孩子会出现不同的问题，他们会反抗、会质疑妈妈树立的规矩。

如果爸爸参与了，那就能帮妈妈撑腰说话，一起把规矩维护好，并且让孩子知道，妈妈定的规矩，得到了爸爸的支持。

而且，执行规矩的时候，爸爸严肃的表情可比妈妈的唠叨还要管用很多。

这样的事就交给爸爸，因为妈妈爱美，不能总是板着脸，这样容易长皱纹。

第三，爸爸人生中的一些好经验，能给孩子指明方向。

孩子们的身上总是会留着自己父母的印记，而爸爸更能为男孩的成长指明方向。

孩子们需要从爸爸身上看到自己的定位，需要模仿爸爸的行为来使自己成长为男子汉。

在我们家，儿子常常会拿着一个纸质的电脑玩具模仿我打字，因为他经常看到我码字的样子。

有时我看到他那副认真的模样就觉得搞笑。

他还会自己安排工作，然后模仿对话。

比如会说：“唉！工作真多，不过我还是要努力完成！”“你放心，我今天一定要写好这篇文章。”

其实这些都是他平常在我这听到、看到的，耳濡目染之下，就化作了他的行为。

无论男孩还是女孩，都渴望得到爸爸亲密的爱。

所以无论如何，爸爸们都要记得把心放在家里，不要总说女人决定家的温度和幸福，因为没有一个好丈夫，这一切几乎无从谈起。

好好爱自己的妻子和孩子。

家，应该是爸爸们这辈子最好的事业。

好好爱那个帮忙带孩子的老人

1

在幼儿园接孩子大军中，我常常是很打眼的那一个，因为幼儿园门口几乎都是爷爷奶奶在等着孩子出来。

有时候，一个孩子出来，马上就把书包递给了爷爷奶奶。

老师看见了就会喊着孩子的名字，叫住他，然后让孩子自己背上小书包。

但是一出园门，老人赶紧就把书包跨在自己的肩膀上了，因为他们心疼孩子，怕把孩子压坏了。

爷爷奶奶们就是如此爱着孩子们的，无微不至，尽心尽力。

每次都能看到幼儿园老师微微地摇头，因为老师说的“自己的书包自己背”这个小小的规矩也总是被打破。

而在家里，两代人关于孩子的教育问题，更是冲突不断。

你说要给孩子立规矩，老人说孩子长大了自然懂。

你还继续争论，他们给你来一句：“你小时候也这样，现在不是很好嘛！”

“我不好，所以我希望孩子好。”当你甩出这句话的时候，便是在撕开自己的伤疤。

你说孩子不能吃太多零食，老人说孩子高兴就好，哭起来更烦躁。

……

在很多这样的冲突中，大家明里暗里地较量着。

2

前几天收到一个妈妈的来信，希望谈一下隔代教育。

她是一个单亲妈妈，有一个三岁的女儿，在孩子一岁的时候她就出去打工了。

孩子一直是姥姥带，起初她觉得既然是姥姥带，那就该放权，不要参与太多。

结果她发现孩子的脾气特别急躁，还很倔强，自己总是忍不住发脾气打孩子。

后来她开始意识到是自己的问题，但是意识到了问题也于事无补，因为孩子不在身边。

但是她也知道不能怪自己的父母，因为老人带孩子不容易，她只是希望知道怎么教育由姥姥带大的孩子。

这个妈妈的苦恼，我们能理解。

因为压力不得不跟孩子分开，交给老人带。

当自己跟孩子在一起就觉得有问题，就想着去纠正孩子的行为。

而结果往往事与愿违，反而把自己跟孩子的关系搞得很糟糕。

孩子往往跟陪伴自己成长的人有着共同的行为习惯。

所以你想按照自己的意愿改变孩子的行为习惯，哪有那么容易呢？特别是你根本就没有做好准备，只是一时兴起，就对孩子发脾气。

这样孩子无法适应，更不用说教育。

3

永远不要把孩子真正地“全托”给老人。

以前上班的时候，有一个同事活得特别潇洒，上班休息时玩游戏、看电影，下班也是去 K 歌或者去网吧约战。

每次看到我们讨论孩子的事情，他一脸不屑地说：“你们都是瞎操心，孩子交给老的不就行了。他们想要带孩子玩，而孩子也喜欢跟他们住，挺好啊。”

“孩子还是跟父母一起好一点。”

“有什么好，两三岁的孩子又不懂事，跟谁不是一样，再说上学了有老师管。”

每次他都能把天聊死。

只是这样的观点，我不敢苟同。

因为“父母”两个字于我而言，不仅仅是一个称谓，更是一种责任和爱。

孩子经由我们来到这个世上，是奔着我们而来的，而不是老人。

全托给老人是可以省事省心，可是你知道老人要受多少累？

更何况再优秀的爷爷奶奶在儿童教育方面的学习能力和领悟力都不如孩子父母。

就算教育好了，这个孩子其实也不是你的孩子。

他站在你的面前，你会感到陌生。

他的爱好如何？脾气如何？饮食如何？作息如何？语言表达如何？精细动作如何？体力如何？

……

你一无所知。

这个孩子还是你的吗？

如果你没有亲自抚养自己的孩子，很难说你是真正的父母。

你只是生过孩子的父母，而不是真正意义上的父母。

所以永远不要把孩子 “全托”给老人，最好的方式应该是共同养育，一起爱孩子。

4

如果准备要老人帮忙带孩子，就要理解老人。

如果孩子出现问题就怪老人，自己却没有给出解决方法，没有好好沟通，结果只会寒了老人的心，也会把关系搞得很僵。

要知道，孩子成长路上的任何一项都要费心费力。

往往在衣食起居这些事上老人们就把精力耗费得差不多了。

你还要老人独自去学习儿童心理学，理解孩子的情绪，帮助孩子培养好习惯，理解当下的教育理念，这就真的是一种苛求了。

记得儿子两岁多的时候，我妈妈也帮我带孩子。

那时候我说不要给孩子喂饭了，让他自己吃。

我妈就不肯，觉得孩子吃得慢，饭一会儿就会凉了，吃了凉饭对身体不好，况且孩子自己吃也吃不饱。

当着我的面，儿子自己还会扒几口饭吃，而我一走，他马上就坐到奶奶腿上，张着口等饭来。

有一次，我很生气地把碗拿走，跟我妈好好地谈了一次。

“为什么又喂他？”

“这么小哪能自己吃啊！你没看见有的孩子，七八岁还在喂饭。”

“让他去试着吃，慢慢学。”

“长大了肯定就会自己吃了。”

“我也知道他长大了肯定会自己吃饭，但是我希望他有自己去尝试的机会，因为孩子本来是喜欢自己去做的，不信试试看。另外，吃饭是小事，养成独立的精神是大事。难道你希望他长大后还窝在家里，无法独立吗？”

她大概是明白了我的用心，后来除了特殊情况外，都是让儿子自己吃。

所以当儿子第一次自己吃完一碗饭时，她还很自豪地跟大家分享。

如果是共同养育，就必定会有拉锯战，毕竟两代人的观念不同。

所以，要多理解老人的难处，跟他们好好沟通，帮助他们成长！

其实孩子的很多问题，即使我们作为父母自己带，也会同样存在。

错不在孩子，更不在老人。

这个世界上，除了我们自己，根本没有人有义务帮我们带孩子。

所以有老人帮忙带孩子，是幸运的。请好好爱那个帮忙带孩子的老人。

5

让孩子在心理上跟老人之间的依恋保持稳定持续。

儿童心理学指出：孩子的心理成长需要一个稳定的家庭管理模式。

特别是 0~3 岁的孩子，会对一个特定的人形成依恋。

所以如果老人在孩子几个月大的时候就开始带孩子，孩子往往会对他们产生一种跟对妈妈一样的爱和依恋。

看见这个结果，有的妈妈就开始焦虑，觉得孩子跟自己不亲，想着去争夺这份依恋。

其实，这是多余的担忧，而且争夺会让孩子内心无可适从。

我们要努力给孩子提供长期陪伴的养育者及稳定的成长环境。

如果孩子的心理是健康发展的，他在跟妈妈长期相处之后，就会慢慢把依恋过渡到妈妈身上，同时把对老人的那份爱埋藏在内心，不会忘却。如果有老人帮忙带孩子，那是极好的，孩子可以感受到两份爱。

如今儿子是我们自己带，但是他对爷爷奶奶的爱一直放在心里，所以上学后的第一个周末他就催着我们去了爷爷奶奶家。

他还是要爷爷给他骑马，还是要看奶奶跳广场舞，其实他是想重温自己那时的记忆。

那些满满的爱的味道，他会一点一点地拾掇起来。

晚上他说要跟爷爷睡，还真的一躺下就睡着了。

第二天，他跟我说："你知道我为什么要跟爷爷睡吗？因为爷爷是我的'马'，我要陪我的'马'一起睡。"

当我们培养了孩子好的行为习惯后，就算遇到爷爷奶奶的宠溺，也不会妨碍对孩子任何的教养，有时候隔辈的关怀反而是锦上添花。

在家里，父母是养育孩子的主力系统，承担主要的责任。

而老人呢？在对孩子的关怀上有着天然的心理基础，不妨作为一种辅助系统。

不管是哪种方式带孩子，都应该努力让孩子留在爸爸妈妈身边。因为父母的爱是无可替代的。

孩子跟父母一定要有亲密接触的时光，越多越好。

就算不能在一起，也要有行动，找机会跟孩子建立联结。

如今的方式很多，微信视频、电话，都是很好的。

请记得：带孩子是生养者的责任，其他人，都只能是帮帮忙而已。

喂！你是哪里长大的孩子

1

儿子最近很喜欢听我讲我小时候的故事，比听绘本故事还要认真得多。

“我小时候最喜欢做的事就是跟小伙伴去抓螃蟹，大的螃蟹有手掌那么大，当然也有螃蟹宝宝，只有指甲那么大呢。”

“那你们在哪里抓？”

“在河里呀！还有一些人在山上的小溪里抓红色的小螃蟹。”

“我也想去抓。”

“可惜的是现在已经没有啦！你看上次我们回老家，那条河已经被淘沙的人掏空了。”

回不去的童年，却有美美的回忆。

孩子每次都像听传说一样。

其实那时候，我还抓过满满的一瓶萤火虫，捞过小鱼小虾给自己改善伙食，放养过鹅，养过蚕宝宝，还和一群孩子在秋天收割后的稻田里堆稻草垛……

那些很简单的日子，现在的孩子反而过不到了。

不能不说这是一种遗憾。

有时我们带着孩子聚餐，席间聊起童年。

大家一致的想法是：我们的童年总体说是不错的。

而看看身边捧着手机玩游戏的孩子，他们玩泥巴怕脏，爬树怕摔倒，害怕草地里有蛇，害怕花园里有蜜蜂，整天“宅”在家里看动画片、玩电脑游戏，或者做功课、上兴趣班。

不免摇头，他们长大后会有什么样的回忆呢?

2

很多心宽的人会说每个时代的孩子有每个时代的玩法。

是呀!

只是我们现在的孩子玩什么呢?

网络无孔不入的当下，孩子们玩手机、电脑，体验智能设备，玩数不清的塑料玩具。

假如你跟孩子说，我们去欣赏一下河边的落日吧，孩子心里可能更期待傍晚的动画片。

我们不得不承认，我们的时代已经悄悄地过去了。

但是，大自然对我们人类心灵的养护作用永远是最大的。

三毛曾说，现在的孩子，他们不知道什么是萤火虫，分不清树的种类，不认识虫，没碰过草地，也没有看过银河星系。

城市里长大的孩子，最大的悲哀是失去了大自然赋予人的灵性。

3

大自然能让我们回归生命本身，去思考我们生命的质量。

跑得太快，小心心灵掉队。

教育家卢梭的一些观点值得我们沉思：“大自然希望儿童在成人以前就要像儿童的样子。如果我们打乱了这个次序，我们就会造成一些早熟的果实，它们长得既不丰满也不甜美，而且很快就会腐烂：我们将造成一些年纪轻轻的博士和老态龙钟的儿童。”

钢筋水泥的丛林，车水马龙的道路，上不完的功课和补习班，不断更新的社交网站上的消息和各种网络游戏，环境恶化使可接触到的大自然越来越少……这大概就是城市儿童的生活环境。

这样的孩子现在正大批量地生产出来，早教机构和培训机构起了主要的推动作用。

而很多父母也在努力适应这个“拔苗助长”的时代，没有谁愿意眼睁睁看着孩子输在起跑线上。

只是许多小孩已经戴上了眼镜，做完了繁重的功课之后，上网和看电视成了他们娱乐消遣的方式。

而童年时心灵没有得到充分养料的孩子，成年后会过得很苦。

为何那么多孩子患上忧郁症或多动症？

为何那么多的大学生患上了“空心病”？

这些往往跟心灵的空虚直接相关，而物质生活的丰富不但没有好处，反而有害。

4

父母应该成为孩子的自然导师。

前几天晚上，我带着儿子、侄子、侄女去公园的草地玩，玩了丢瓶子游戏后又带着他们在草地上做运动。

一时兴起，我们想玩踢足球游戏，没有足球，便用瓶子代替，把草地中间两个排水的井盖当作球门。

结果我因为太投入，把脚掌划出了一条口子，流了不少血。

但是那天晚上儿子主动搀扶我回家，我成功收获了一个小小男子汉的保护。

为什么我总是把脚割破？

老婆的答案是："你这个人太大意。"

而实际上呢，我的答案是："我本身就是一个大孩子。"

这应该是孩子们为何这么喜欢找我玩的原因。

去年也是这个时候，我带孩子们去爬树，看到旁边有竹子，我告诉他们竹子好爬，儿子不信竹子能爬，更不相信我说的能在竹子上搭窝。

我就硬着头皮爬了上去，因为体重的缘故，在竹子上边的我一点也施展不开，匆匆地又下来了。

在下来的时候，脚掌就在一个竹结那儿被割破了。

看到我捂着脚在家涂药，我妈妈就说："你一个三十岁的人以为只有三岁啊，还去爬竹子，活该呢！"

可是我愿意。

一直以来，我都在积极地把孩子带往神奇的大自然。

前几天跟朋友们谈及自然教育，我说真正的自然教育应该是能让孩子去自然中动手、劳作的教育。现在的孩子普遍失去了这样的机会。

看《荒野求生》《狂野非洲》，不能让我们亲自感受到大自然。

而旅游，即使没有生活体验，只是隔着河岸望着它，感觉还是不一样的。

我常常跟新手妈妈说，多带着孩子去接触大自然，看看早上的阳光，看看天上的云，摸摸小草，摸摸树皮，远比去早教班玩教具有用得多，也比在家里让孩子玩玩具要强。

而对于探索期的大孩子，不妨多带他们去爬爬山，或者趁着假期去大自然的怀里体验一段时间。

父母不要过于保护，适当放手，不要总是说着“不行不行，危险危险”而将孩子挡在后面。

我觉得儿子是幸运的，因为他不是一个完全城市化的孩子。

可是，我担忧的是，他正在慢慢城市化。

我当然希望他还能保有那份对大自然的爱与热忱，所以我的理念和行为就尤为重要。

请记得，在心中播种那颗叫作“自然”的种子。这样，孩子心中的那朵“自然之花”才会开放。

孩子，我可以宠你，但不会伺候你

1

前几天出门，上电梯的时候遇到一个满头银发的老奶奶和一家三口。

上了电梯后，老人赶紧按好楼层，看到老人磨磨蹭蹭，明显感觉到那个妈妈有点不满。

过了一会儿那个妈妈就大声问：“按了楼层没有啊？”自带几分怒气。

“按了，按了。”

“是一楼还是负一楼？”声调又升高了。

“都按了，我在一楼下，你们去负一楼。”

然后那个妈妈又像换一个人似的跟儿子说话：“说，今天希望吃什么，妈妈带你去。”

胖胖的小家伙说：“能不能带奶奶一起去？”

“她太老了，去不了。”

“你看你，怎么又穿这么少，不怕感冒啊！”

到了一楼，老人要下电梯了，没有人搀扶，更没有一句嘱咐，老人留下一个瘦弱的身影，消失在门的那边。

而那个妈妈对老人如此，对孩子却是百般地怜爱，生怕有一丁点儿不周到之处。

有太多的家庭把孩子当作了家庭的中心，而把老人当作过客一般，甚至对自己也是极其苛刻，还以这种付出为乐。

所以，在饭桌上，好菜都是第一时间夹给孩子。一条鱼上桌，最嫩的鱼肉都被挑拣出来，送到孩子碗里，最后剩下的就只有鱼头、鱼尾和一堆鱼骨头。

而孩子觉得这是理所当然的，最主要的是老人也觉得这是理所当然的，自己就应该吃不好的。

所以，当孩子的糖果掉地上，孩子要捡来吃时，老人赶紧阻止，然后捡起来，自己吃掉。

还跟孩子说："那个脏，你不能吃。"

于是孩子理所当然地觉得好的是自己的，不好的给大人吃。

老人带着孩子出门时，平时对自己非常节俭，甚至是抠门，但是孩子要几十元甚至上百元的玩具，很多时候二话没说就给买了，还一边说着："只要我的乖孙子喜欢，那就买。"

这样的故事，每天都在我们身边发生。

2

法国教育家卢梭说："你知道运用什么方法，一定可以使你的孩子成为不幸的人吗？这个方法就是对他百依百顺。"

几年前，曾有一篇文章火爆互联网。

一位奶奶每天都会带孙子去一家店吃牛肉面，这个奶奶每次都会叫两碗，然后把自己碗里的牛肉都夹到孙子碗里，乐呵呵地看着孙子大口吃面。

有一次，奶奶没当着孩子的面，就把牛肉夹到孙子的碗里了，所以孙子没看见。后来，孙子嚷嚷着要奶奶把牛肉给他。任凭奶奶怎么解释，孩子都一口咬定是奶奶把牛肉偷吃了，大喊"奶奶是骗子"，在店里撒泼大闹。最后，老板出来，轰他们走，说："我不卖给你们牛肉面了！"

没想到第二天，这孩子带着父亲又来了，后边跟着奶奶。父亲一进门就嚷嚷："给我来三碗牛肉面！"等面都上桌后，父亲把其他两碗里的肉全都夹给儿子，还把老板叫过来训话："我告诉你，我买的面，想怎么吃就怎么吃，我就乐意把肉给儿子，你管得着吗？！"边说边往碗里吐了口痰，然后领着儿子"昂首挺胸"地走出了面店。可算给儿子出了口恶气。

我知道很多人看到这个故事都会鄙视这个爸爸的做法，也会觉得这个奶奶太宠孩子了。

先不管这个故事是不是真实地发生过，但是这样的事却是常见的，因为我们多多少少都做过这样的事。

就拿我陪儿子出去吃早餐来说。

吃粉的时候，是自己加炒码的。孩子吃得少，都是从我这里分一小份给他。

而码子呢？比如排骨或者牛肚，都是儿子的最爱，每次我会特意给他多分一点。

孩子有时还是不满意，嚷着想要更多。

有时候我妈带他吃早餐，势必是要把自己碗里好吃的码子全部夹到孙子碗里的。

这直接导致儿子觉得自己得到更多甚至全部都是理所当然的。

虽然我不会这样做，可我还是会多分出一些给孩子。

这是父母的天性。

所以说，爱与溺爱就在一步之间。

有时我会明确告诉儿子："这份是爸爸的，你需要的话，我们可以加，但你不能把我的也吃掉。"

起初他会不高兴，但慢慢明白了这个界限，后来他也不会为这事生气了。

孩子的行为和价值观的形成，不是天生的，而是在点滴的生活中慢慢形成的。

父母的引导是关键。

3

我一直认为，养育孩子，培养良好的品格永远是最重要的。

品格是一个人的灵魂，也是立世之本。

如果只是单纯重视孩子的智力开发，而忽视品格的教育，那肯定是本末倒置了。

有很多的父母认为“孩子还小，可以放宽一点，长大后再严格一点”“孩子长大了自然会懂事的”。

真的如此吗?

我们中国有句俗语叫“三岁看大，七岁看老”。0~3 岁被称为婴儿期，是儿童生理发展、心理发育最迅速的时期。这个时期父母对孩子的影响是最深刻、最直接的。

如果你从小对孩子骄纵宠溺，到大了的时候再想教育估计就来不及了。

有一次我接儿子放学，从负一楼上电梯，到一楼的时候，电梯门就开开合合。

一个小男孩在那探头探脑，还一直叫喊着。

我们以为是孩子调皮捣蛋，没想到一个颤颤巍巍的老人出现在电梯门口。

小男孩六岁的样子，用一只小小的手拉着奶奶，一边慢慢地往电梯里面走。

生活在高层的老人上下电梯应该是他们遇到的最大障碍，因为他们自己不会按，进出电梯又不方便。

这个小男孩的举止真的很温暖。

当时我拍了拍儿子的肩膀说：“你看这个小哥哥会照顾老奶奶上下电梯呢，你下次也要照顾好婆婆呀！”

“但是他比我大呀！”

“你过一年也有这么大了，要向这个小哥哥好好学习。”

小家伙默默地点点头。

从这个扶奶奶的小男孩身上，我看到了家庭教育的成功。

因为一个孩子能这么小心翼翼地照顾自己行动不便的奶奶，肯定是受到了父母温暖行为的影响。

这样的行为，在我们这个物质越来越丰富的时代，竟然显得稀缺。

4

前几天有一个妈妈给我留言说：“我喜欢孩子，但是先生不是很喜欢孩子。而且一想到生孩子要投入这么多，不仅仅是金钱还有心血，想到自己的情况，又不敢生了，怕照顾不好孩子。”

我们爱自己的孩子，要对孩子负责，但是我们不能把孩子看得过高过重。

在一个家庭里，每个人都有自己的位置和贡献。

比如丈夫通过努力保护自己的家，让小家变得富足幸福，妻子用心守护这个家，让家变得温馨有趣。

而孩子的到来，会给这个家带来快乐和惊喜。

我们要把孩子当作家庭普通的一员，而不是家庭的核心。

因为凡是一个把孩子视为中心的家庭，往往会养出小皇帝，而大人们就如同宫女和太监一样伺候着他。

这样的家庭不会出问题吗？

而且孩子觉得自己所得到的一切都是理所当然的，不会有感恩之心。

他会觉得自己就是世界的中心，在外边不能受批评。但是这个世界本身带着残酷的一面，没有谁能带着保护罩生存。

请告诉处于优越环境中的孩子：别把所有事当作理所当然。

在家里，大家是平等相爱的，我可以宠你，但不会伺候你。

丈夫要疼爱自己的妻子，妻子要尊重丈夫，因为夫妻关系要先于亲子关系。

父母要尊重爱护老人，像对待自己的孩子一样。

这样的家庭会充满爱和温暖，而在这样的环境里成长的孩子，也会是阳光温暖的。

好的家庭，孩子永远不会是中心

1

我想，没有哪个时代比我们如今更关注孩子的内心世界了吧？

记得我们小时候，父母几乎是不管哭闹原因的，直接就是不听话就打。

而如今呢？

我们会努力地去读懂孩子的行为，给他们好的爱。

有时候，真的觉得现在的孩子幸福。

可就是在这样爱的世界里，有很多的家庭错位了，把孩子当作家庭的中心，全家人就围着孩子转啊转。

2

曾经看到一句话——“千万不要把孩子放在第一位，凡是把孩子放在第一位的，等待这个家庭的多半是悲剧 。”

看到这句话时我想起老家村里的一个老人，他中年得子，简直是如获至宝，逢人便是说自己儿子聪明无双，乖巧孝顺。

儿子读书回来，他会为儿子准备好饭好菜，而中午自己干活回来，午饭就吃开水泡饭。

买了水果，自己拣烂的吃，好的都留给儿子。

自己生病了连药都舍不得吃，说熬一熬就会好，阎王爷不要，自然会好。

可儿子打个喷嚏，他都要紧张好半天。

就是这样的一个好爸爸，老的时候却没有得到儿子半分的爱。

有一年冬天，村里下大雪，30 多岁的儿子住在老父为他盖的新家里，而老父住在破烂的老屋里。

老屋只有几扇木头墙，还有一张矮床，那几床厚厚的棉被因为时间久了，早就变得像石头一样硬邦邦的。

有人跟他儿子说：“这天气，让老人住新屋里暖和些吧。”

“他自己喜欢住那儿！没事！”

过几天，有人看到老人病恹恹的，跟他儿子说：“你爸病了，带他去看看吧。”

“没事，他喜欢熬，一直说熬一熬就好，阎王爷不要，自然会好。”

亲戚来看生病的老头子提来的水果，好的都被儿子挑走了，说要给孙子吃，而留下的就是那些快烂了的。

他儿子说:“他从我小时候开始就喜欢吃烂水果,说味道好。”

听到这些话,你肯定会生气,对老人怎么能这样?

可他儿子就是一个这样的人,最后老头没有熬过那场病,也没有等到开春。

最后的葬礼很盛大,村里人说,这人死了倒是花费得比活着的时候多啊!

这是很多老人的悲哀。

还记得有一次听到几个老头聊天,有一个老头说自己70多岁了,也得天天干活啊。

“为什么啊!你又用不了多少钱,吃不了多少东西。”

“你不知道啊!你勤快一点,多给子孙留一点,死了有人哭。否则没人理的啊!”

我当时听到这句话,内心很震撼。

为什么不能多为自己想想,却要为了那些虚妄的东西而苦恼呢?

子孙若不贤,留钱干什么?最后还不是败家子。

把孩子当作中心,不为自己想的人实在太多太多,最后的下场可能就是一个接一个的悲剧。

3

在家庭里，每个成员都有自己的位置，成员之间应该是互相爱着、平等且民主。

而孩子，更应该感受到这种爱。

请记得，把孩子当作一个有着自己思想的、具有独立人格的个体。

当父母有了这样的认知之后，才会真正地尊重孩子。

尊重不是说把孩子当作中心，而是尊重孩子的独立性。

“独立性”这个词有点虚，我们可以细致一点，把它理解为动手能力。

在以孩子为中心的家庭中，父母眼里的孩子是需要呵护的宝宝。

哪怕这个宝宝已经 30 岁，所以巨婴就产生了。

什么都要父母包办，不管多大了还要父母养着。

在动画片《千与千寻》中，小千迷路后到了汤屋，为了不被变成动物，孤独的小千在大浴场里拼命地工作，在这里，她还认识了很多朋友——指导她工作的小玲、负责煲洗澡水的锅炉爷爷。

如果瘦弱的小千有一丝的懒惰，像大小姐一样等着人伺候的话，她也会变成动物，成为妖怪们的晚餐。

其实我们的孩子将来也会步入社会，社会的一角不也像极了宫崎骏镜头下的小镇吗？

孩子会遇到各式各样的人，也会遇到一些挑战。

幸运的是千寻终于独立。钱婆婆告诉千寻，无论是什么事情，包括与父母回到原来的世界、救白龙等等，都要靠自己。

这也是我们现实生活中的游戏规则。

父母要多鼓励孩子去做事，因为只有动手的时候，他们才会体会到别人做事时的感受。

比如让孩子做家务，他才会知道妈妈做家务的辛劳；让他们参与勤工俭学，才知道父母工作的辛苦。

如果一切都唾手可得的话，这个人是不懂感恩的。

他看不到其实你也需要，把你的付出当作“活该”，把自己的获取当作理所当然。

如果你自己选择迁就，把孩子放在中心，那就意味着会放弃一些自己的需求，失去自己的价值。

而失去了自我价值的人，是可怜的。

看似你很爱很爱自己的孩子，可是孩子却并不快乐，反而是痛苦的。

为什么？

因为站在他面前的人，没有自己的生活，一切都迁就孩子，孩子心里会瞧不起你。

如果孩子内心瞧不起你，那你还怎么教育他呢？

4

有了孩子，还要记得给爱人一点时间。

因为夫妻关系要大于亲子关系，良好的夫妻关系是一个家庭的基础。

父母恩爱的家庭，才能养出阳光快乐的孩子。

可实际上，很多妈妈有了宝宝以后，几乎会把所有的精力都放在孩子的身上，似乎所有的爱也都转移到了孩子身上。

还记得有一次，一位年轻的爸爸找我聊天，长长的留言覆盖了整个手机屏幕。

他说自己不知道怎么当爸爸，而且还不知道怎么当丈夫了。

因为老婆不准他碰孩子，说他毛手毛脚的，而且有大半年的时间，老婆把他赶到了另外一间屋子睡。

他想知道有了孩子之后是不是都会这样，感觉过回了单身时的生活了。

如今有太多的妈妈对爸爸们有误解，说他们对孩子不管不问。

可你曾给过他们机会吗？

其实一开始，爸爸需要妈妈的安排和指导。

面对毛手毛脚的爸爸，妈妈可以提醒他小心地抱起宝宝。

其实只要对爸爸有正确的指导和足够的信任，爸爸们也能做得很好。

比如给孩子洗澡的时候，让他在旁边欣赏欣赏，可以帮忙倒水啊，给孩子搓背啊，就是这些简单的参与，能给爸爸们很大的信心。

夫妻共同抚养孩子长大，在这个过程中，看着孩子开始爬，开始出牙，开始走路，夫妻之间的感情也会更加深厚了。

有了这个基础，家庭氛围就会不一样。

一个幸福温暖的家庭，才能养出幸福成长的孩子。

无法安静的大人，正在破坏孩子的安静

1

如今，孩子能安静地做点事，真的太难了。

前几天去接孩子，在幼儿园外边的广场上，一个已经放学的小班孩子，在那里玩滑板车。

刚刚放了一只脚上去，他妈妈就急匆匆地跑过去:“不能滑啊，会摔的，宝宝乖啊。”

孩子回头看了妈妈一眼，虽然有点不开心，但还是下来了。

然后他又跑到一棵树下面，捡拾落叶。

妈妈又喊：“不要去那边，小心树丛里有虫子咬人。”

这次孩子没听，捡了几片树叶，欢喜地在那儿跑来跑去。

用树叶当作翅膀，跑圈儿飞着。

妈妈又在焦急地喊：“别跑了，别转晕了啊，会出汗。”然后就追了过去。

在放学后的短暂时间里，孩子没有一刻自己的时间。

耳朵边总是有妈妈的声音，在关心他，也试图控制着他。

多少父母，总是苦口婆心地唠叨着，想着去安排孩子的一切，生怕自己少说一句，孩子就会走弯路。

比如孩子读到了一个有趣的故事，本来孩子很投入地读着，但是父母却见缝插针地问他："你觉得这个故事里说了一个什么道理？"

然后没等孩子回答，父母就开始讲起了人生道理。

有时孩子画了一幅画跟你分享，你马上严肃地指出他的不足，然后说画画应该如何如何。

如果你是画家，还能有所裨益，但很多情况是好为人师的心理在作怪罢了。

2

有多少孩子，能不被打扰？

有妈妈留言说："孩子的注意力很差，一刻都安静不下来，甚至去了学校也无法落座，在教室里跑来跑去。所以，我经常被老师约谈。"

对于这个问题，我的回答是："请一定守护好孩子难得的安静时刻，不要去打扰他。"

蒙特梭利说："除非你被孩子邀请，否则永远不要去打扰孩子。"

为何要说守护呢？

因为我们如今的孩子，有太多的东西在破坏他们的注意力。

孩子可能一个人在那儿开心地玩着玩具，却被大人叫着："快来，快来，有好看的动画片。"

"要不要喝点水？""要不要吃点水果？""作业做了吗？""小心点啊！""怎么又错了呢，应该这样来。"……

这样的情形下，孩子很难专注地去做一件事的机会。

所以，孩子的安静时刻，请一定要守护好。

3

我非常喜欢自己在家里读书，儿子在旁边安静地玩自己玩具的时光。此刻的我是安静的，我也给了孩子安静的环境。

倘若某日，我自己打开手机视频，孩子肯定会凑过来，不管我看的是什么，他总是会充满好奇。

幸好如今我能给儿子一个安静的成长环境，如同我小时候，奶奶给了我一个安静的环境一样。

记得那时候，农闲的夏日里，我可以整日在自己的房间里或者在屋前的桑树树荫下看书，她从不打扰。

如今想起，感觉都很美好。

可以说，孩子的行为是环境的产物。

家庭氛围如何，直接影响着孩子的成长。

能有一个安静而温暖的家，应该是每个孩子的渴求吧？

有一个亲戚家的孩子，去年离家出走好几次。

有一次见到他，我问他："为什么会这么做呢？其实你爸妈对你也挺好的。"

"你不知道我们家真实的样子，那都是爸妈装出来的。每周周末，他们都会叫人来家里打牌，半夜客厅里还很吵，他们以为我睡着了，其实我一直关着灯听着。平常的时候，两人因为一点点小事也会大吵大闹，从来没有顾忌我的感受。"

他是一个 15 岁的少年，正处于情绪敏感期，面对这样的家庭环境，小时候孩子也许不敢反抗，只会觉得不舒服，可如今长大了他就会开始表达自己的不满。

只是父母却从不觉得自己的行为方式已经伤害到了孩子。

除了家庭影响外，孩子常常被嘈杂的环境包裹，孩子的灵性也会被吞噬。

在很多商场的游乐场边上，常常有各种音乐培训班的现场演奏，为了达到宣传的效果，乐师会选择架子鼓。

可是站在那里的孩子，真的能听到音乐吗？难道音乐是这样的吗？

这样的噪音也能叫音乐？也许只会让孩子从内心感到排斥。

我们很多人其实对孩子有一个很大的误解：

觉得孩子天生就是好动的，他们一刻也不会停下来，所以就常带着他们去充满声光刺激的游乐场所。

而在学习上也是如此安排，生怕孩子停下来就会落后。

4

其实真的没有安静下来的是大人，他们正被自己那焦灼不安的心折磨着。

而无法安静下来的大人，正在破坏孩子的安静。

安静不下来的父母，常常已经无法再静下来读一本书，甚至无法忍受一时的安静，常常要不断找事填满自己的时间。

就好像如今很多人吃饭都不再认真看眼前的饭菜一眼，反而盯着手机看视频，生怕自己浪费了时间。

很多父母，养孩子也如此，甚至都无法安静地带孩子一起走走，总是催催催，或者买买买。

看到孩子喜欢，马上就给买，想着在物质上满足孩子。

而孩子一旦厌倦，就买新的玩具。

结果这样的满足和刺激，反而导致了孩子内心的混乱。

如今的孩子最不缺的就是物质，缺的反而是父母的用心陪伴和难得的属于自己的安静时光。

5

当你认真地观察孩子，你会发现孩子在平和安静的状态下，能更好地完成学习任务，而且会表现出非凡的专注力。

有时反而会有父母担忧："我的孩子总是专注于这个，会不会有问题？"

比如儿子总是专注于幼儿园的拼插积木，而没有去其他的游戏区尝试。当时听老师这样说，还有一点担忧，他是不是不喜欢尝试新事物啊？

但我知道这是他在安静地学习，每次都在尝试拼插积木里新的东西，怎么能说没有尝试呢？

当孩子专注于一件事时，他已经在内心慢慢构建了一个属于自己的认知体系。

他用自己的语言、动作、思想来完成这个过程，不断地尝试、修正、总结。

而他最需要的就是安静，不被打扰。

如果孩子能自主地去完成一些任务，他的意志力会得到锻炼，而且能够更好地去控制自己的身体。

这样的孩子，动作会更加协调和精确，而且也能进行自我控制，养成自律的习惯。

那些让自己行为失控，沉溺于网络的孩子，为什么会如此？

因为他们的真实世界，不如虚拟世界好玩。

他们无法安静地看一本书，也无法好好地静下来思考自己的生活。

请记得，多陪伴孩子，给他们一个温暖安宁的成长环境。

让孩子静一静，听听鸟的叫声；

让孩子静一静，做点自己想做的事；

让孩子静一静，听听他内心的声音。

而这也许是父母本身欠缺的，那请跟随孩子脚步，一起同行吧。

月卖杂货店
我的目标：在月球上开个店子
卖的东西很多！
老板工作人员

家有男孩，一定要给他这三种营养

1

前几天，有一位妈妈留言说，儿子三岁了，总是喜欢妈妈抱，可她觉得男孩子不能这样子黏人，要独立一点，所以有时就故意没理他，没想到儿子就生气了，对妈妈一顿拳打脚踢，不知道这是怎么回事。

我们对男孩们总是带着一些这样的期待，比如希望他们能够勇敢一点、独立一点、自信一点。

所以当男孩面对挑战表现得退缩时，就会说："男孩子，要勇敢，快点快点。"

而当男孩撒娇求抱抱的时候，妈妈心里又起了疙瘩："到底要不要满足他呢？男孩这么黏人行不行呢？"

特别是男孩想哭的时候，总是有人说："男子汉，不能哭啊！羞羞脸。"

有的时候，明明是女孩抢了男孩的东西，家长却说："你是男孩，得让着点，怎么还跟女孩抢东西呢？”

如果是男孩去抢女孩的东西，那更不得了。

“你怎么能抢女孩的东西呢，你要保护女孩啊！”

而实际上，小小的男孩，常常还不是女孩的对手，更不知道该怎么办。

家有男孩，父母注定要操更多的心。

成长路上，请记得，送男孩三份营养。

2

请记得给男孩一个爱的抱抱。

千万不要觉得抱抱是女孩跟父母亲昵的方式，其实男孩更渴望你的抱抱。而且，一个抱抱有神奇的治愈功能。

在《正面管教》里有一个故事：

一位年轻的父亲为自己4岁的儿子总是突然大发脾气而深感沮丧和困扰，斥责和惩罚只会使其愈演愈烈。

后来这位爸爸了解到，一个行为不当的孩子是因为感到失望，所以鼓励是处理不良行为的最好方法。在这位爸爸看来，感觉这样倒是有点像在奖励不良行为。不过，他决定试一试。

当他的小家伙又一次突然大发脾气时，这位爸爸单膝跪了下来，向孩子大喊："我需要一个拥抱！"

他的孩子一愣，抽泣着问道："什么？"

爸爸再次喊道："我需要一个拥抱！"

他儿子停止抽泣好长一会儿，才不敢相信地问道："现在？"

爸爸说："对，现在！"

儿子看上去完全懵了，可是他停止了哭闹，并且有点儿不情愿地说："好吧。"然后，他动作僵硬地给了爸爸一个拥抱。

很快，僵硬就消失了，父子俩融化在彼此的怀抱里。

过了好一会儿，爸爸说："谢谢，这正是我需要的。"

儿子嘴唇微微颤抖说道："我也一样。"

我一直也相信鼓励和拥抱的力量，小小鱼每次发小脾气的时候，只要不是原则性问题，我会蹲下来抱起他。

记得在他两岁多的时候，午觉醒来，倘若发现屋子里没人，他就会大哭。

有时我会趁他午睡时去隔壁房间工作，听到这样烦人的哭声，我真的想发脾气。

可我还是耐着性子把他抱起来，然后放在我的怀里，坐在书桌前。

他看着我敲字，没多久就会平静下来，因为他已经知道爸爸在工作了。

可是我如果当时就发脾气，那么他会大哭不止，而我也会愤怒地失控。

一个小小的抱抱，就完美地解决了这个问题。

孩子有时候就是需要一点这样的特权和宠爱，我们做父母的完全可以给他们。

特别是小男孩，他们的情感比女孩更加脆弱，需要更多的关怀，其实他们很多地方不如女孩子。

如今小小鱼已经五岁了，还是非常渴望我的抱抱。

我知道，那不是为了偷懒撒娇，而是喜欢依偎在爸爸怀里的那种感觉。

身体接触以及爱的表达是男孩获得安全感的重要方式。

幼年时与父母为伴，并且受到足够关注和爱护的男孩获得的安全感更强，成人以后心理也更健康。

要知道，男孩们最早需要学到的是亲密、信任、温暖、快乐和友善，而不是冷冰冰的教条和各种标签。

孩子在幼年时体验到的感情会帮助他更平稳地度过容易冲动的青春期，平衡他们爱冒险和爱竞争的天性。

而当他们长大后，会更容易去呵护自己的妻子还有孩子。

3

给每个男孩足够多的运动时间。

每个男孩都需要体育运动，以帮助他把因为激素变化而引起的躁动不安释放出去。

因为造物主在男孩身上“添加”了高出女孩 15 倍之多的睾丸素，而使人情绪平静的血清素，男孩却比女孩要低得多。

因此，男孩天生就比女孩更易冲动，更喜欢冒险，更具有攻击性。

孩子们需要广阔的空间和自由的行动，他们依靠运动和攀爬来使大脑健康地发育。

我们在尽量保证孩子安全的前提下，就应该去激发孩子天生的空间判断能力，去强健他们的筋骨。

鼓励男孩多参加体育运动，多在户外奔跑活动，各种感官综合的运动带给他的是更健康的发展。

4

请接纳男孩的与众不同，接纳他独特的语言，虽然有时候恶狠狠。

家有男孩，妈妈们都会为他们的脏话或者“恶话”而头疼。

有一位妈妈跟我说，5 岁多的儿子经常说“杀死你”。

她觉得很恐怖，一个这么小的孩子说打打杀杀。所以她每次一听到就反应很大，对孩子说道理，有时还打骂他。

可是儿子非但没有改正，还变本加厉，甚至说要杀死自己。

其实在孩子 3 岁以后会出现“诅咒敏感期”，可以算是“语

言敏感期”的一种特殊表现。

这个时期的孩子吸收并运用语言的热情高涨，对脏话、狠话更是兴趣盎然。

他们喜欢运用这些威力大的语言，因为这样就能引发听者更强烈的反应，会关注到自己，也能达到自己的目的。

所以，不要觉得孩子是恶语伤人，他们其实还无法体会到你的感受，也并不是故意要伤害你。

接纳男孩的情绪。

相对于女孩，男孩的表达能力更弱，当他们遇到坏情绪时，更容易通过大发脾气或者身体攻击来发泄。

而且男孩们兴奋起来的时候，就会直接用手来代替嘴巴了。

记得有一次我说放动画片，侄子和儿子就兴奋起来了，哥哥就直接拍了弟弟的屁股几下。

小家伙就跑来告状，说哥哥打他。

其实我看到的是他们俩都在欢呼雀跃，他自己拿着恐龙玩具丢来丢去，而哥哥就直接在弟弟身上拍几下。

在他们高兴时，或者心情不好时，都会出现摔门、丢东西、大喊大叫的行为。

其实，这都是小男子汉成长中的正常行为。

可以理解为独特的行为语言，父母要学会解读他们行为的方法，然后耐心地接纳，告诉他们可以怎么去表达。

比如在公共场所需要注意保持安静、不能干扰别人；而当你不高兴时，可以捶下枕头或者沙发，但是不能打人，你也可以坐在那安静地想一想。

某一天，你会发现那个小屁孩和自己没有以前那么亲近了，但这并不意味着他从内心和你疏远了，这只是表示男孩长大了，他希望自己成为一个不依赖父母的男子汉。

而我们要做的是，在做父母的有效期里，好好爱他们，养一个温暖的男孩，眼里有光，心中有爱。

“妈妈，我们家房子为什么不如别人家？”你的回答很重要

1

前几天有一个妈妈留言问我：“鱼爸，孩子问为什么我们住的房子没有别的小朋友家好，我该如何回答？”

我当时的回答是：“跟孩子说说自己家好的地方，转移这个关注点。”

后来我一想，这个回答我不满意，因为孩子问到了这个问题，说明他已经开始观察生活，并且在进行对比，逃避和转移都不是好办法。

孩子的价值观就是在观察和对比中默默形成的。

比如孩子看到父母待人真诚，孩子会从中看到为人的真诚；孩子看到父母的虚荣，孩子从中感受到的就是虚荣。

所以，这个问题不好回答。因为答案在父母的言传身教中，在家庭文化氛围中。

很多父母说我们这一代父母是最悲哀的一代。

上一代人的育儿观念是“什么都是孩子错”，所以对孩子打打骂骂很正常。

而我们如今变成了“什么都是父母错”，对孩子不能打骂，而是要反省自己。

可我反而觉得我们是最幸运的一代父母。

因为就我自己的经历来说，我不希望我经历的过去在孩子身上重新上演。

虽然小时候我的奶奶很爱我，但是她不善表达，如果我犯了错，她不问原委，常常用竹枝直接开打。

如今我还能清晰记得那时候的委屈和愤怒。

如果不是做了父母，不是做了这个时代的父母，我们会重新去反省自己的童年，以及反省自己经历过的家庭教育吗？

所以当孩子问起这个问题的时候，请先别急着回答，因为答案在你的身上。

2

当孩子觉得自己家里穷的时候，会不会感到自卑？

这是我们当代父母最焦虑的一个问题之一。

面对贫富，孩子其实不会有我们成人那样的自卑感，只是会觉得有点不解，想弄清楚情况。

就算有自卑感，也不一定是坏事。

个体心理学创始人阿尔弗雷德·阿德勒在《超越自卑》里面讲到：人的一切行为动力均源于超越自卑的需要，是自卑感推动了人的进步。

其实我们都是带着自卑感的，就算是非常优秀的人，也会有自卑感。

这个感觉就如同酸甜苦辣的感觉一样正常，只是自己否定了自我，才会出现问题。

我们要让孩子明白：家庭条件的好坏，并非孩子造成的，孩子不应该背负着这个包袱。

就算家庭条件一般，心理健康的孩子在父母的引导下，反而可以形成一种正面激励："我要通过努力改变现状，让家人幸福，过得越来越好。"

而贫穷真正让孩子自卑的原因是父母的自我否定以及家庭的混乱。

有的父母常常跟孩子哭穷，希望孩子能懂事孝顺。

所以常常会听到这样的话："为了给你报这个培训班，我跟你爸爸已经基本掏空了钱包，不敢逛街，不敢购物，你还不努力读书，你对得起我们吗？”

“我们家就靠你了，加油啊！我们都过得太苦了。”

“我最后悔的就是嫁错了人，穷了大半生，唉！你以后结婚要看清楚。”

很多时候，你觉得只是说说而已，但是在孩子敏感的心里，可能就种下了种子，影响他一辈子。

跟孩子哭穷会让孩子从根上自卑，因为生养的父母如此，自己的生活惨淡无光。

网上有一个爸爸说女儿问他：“爸爸，我们家穷吗？”

“为什么这么问？”

“班级里有人说我们家里穷。”

“你觉得呢？”

女儿不语。

爸爸又问：“你们班里有几个同学像你一样学钢琴、舞蹈、英语？”

“3 个人。”

“那个说我们家里穷的同学都有什么特长？”

女儿说：“没有特长。”

“如果这个同学再说我们家里穷，你就说她，你什么特长都没有，你最穷。”

爸爸又告诉女儿虽然我们家不是有钱人，但是我们也不缺钱。

这个爸爸说得真好。

父母要帮孩子找到自信的东西，也就是核心价值观。

如果孩子觉得物质是评价一个人是否优秀的标准，那肯定会自卑，而如果孩子没有以这个作为标准，而是以人的品格优劣、学业优劣、能力的高低等作为标准，就不会因为物质条件而产生自卑。

3

不管贫富，都不要为孩子包办一切。

但是我们的现状就是“一切为了孩子，为了孩子的一切”。

所以“放学的书包我背着”“家里的活你不要干，去读书”“我少吃点没事，权当减肥”“我习惯了做事，不累，真的不累”。

前段时间有一句话很火：“最大的悲哀就是把普通家庭的孩子养成了富二代！”

父母竭尽所有，缩衣节食，为孩子活着，而孩子则心安理得地在蜜罐中成长。

特别是一些条件并不宽裕的家庭，更怕亏欠了自己的孩子，担心孩子被别人家孩子比下去，产生自卑心理，反而更加宠溺孩子。

但是结果呢?

孩子在家里作威作福，但出门还是胆小如鼠。

孩子习惯了你包办一切，有一天你累得动不得了，他不会关心你，而是会责备你为什么不像其他父母那样生龙活虎。

老家有一个亲戚，觉得自己家有两个宝贝儿子传宗接代，整天喜笑颜开。全家人将孩子视若珍宝，宠溺有加。

后来两个儿子中的一个在爸爸的资助下买了一辆车跑出租。小儿子说要读书，然后读了一所中专，在学校玩了三年，离校后就一直待在家里。

前几年建筑工地很多，所以亲戚总能揽到活，过得还不错，给大儿子首付款，帮他买了一套房。

去年他大儿子刚刚有了一个孩子，可是小家伙的到来让大儿子每天愁眉苦脸，抱怨说自己抽的烟越来越差，车也只能放着，加不起油。

有一次大儿子重重地把酒杯砸在桌子上说："为什么别人家的父母都为子女考虑，全款买房买车，还养孙子？"

他觉得自己每个月供房子，再供养孩子太苦了。

而事实上买车的钱家里也出了一半，可以说家里老父对得起他了，可他还是会抱怨自己的父母。

但是亲戚的苦恼不是大儿子的抱怨，而是在家啃老的小儿子说要买房结婚，因为女朋友怀孕了。

4

给孩子再多的说教，都不如让他亲自去感受一下这个世界的不容易。

曾国藩说：“子侄除读书外，教之扫屋、抹桌凳、收粪、锄草，是极好之事，切不可以为有损架子而不为也。”

说得太对了。

孩子应该在成长的过程中不断地通过劳动及学习来获取价值感，而不是依靠一身的名牌或者父母的权势获得价值感。

这样才会形成正确的人生观和价值观。

面对贫穷，有人“穷且益坚，不坠青云之志”，有人却自甘堕落，沦为盗匪之徒，或成了拜金的奴隶。

二者为何相差甚远？难道是天生的吗？

我觉得这与父母早期给孩子的精神养料及影响息息相关。

面对贫穷，有的人就像石头缝里冒出来的野草一样，让人感受到铮铮铁骨和不屈的精神。

莫言在回忆自己母亲的一文里提到：“愁容满面的母亲，在辛苦地劳作时，嘴里竟然哼唱着一支小曲。当时，在我们这个人口众多的大家庭中，劳作最辛苦的是母亲，饥饿最严重的也是母

亲。她一边捶打野菜一边哭泣才符合常理，但她不是哭泣而是歌唱。我的母亲教育我，人要忍受苦难，不屈不挠地活下去。”

你无法给孩子富足的物质生活条件，但是你给孩子的爱，以及言传身教却是什么都无法比拟的。

跟好的物质条件相比，内心的丰盈对孩子的成长来说更重要，而孩子丰盈的内心是要靠父母和家庭的爱来浇灌滋养的。

很多的父母在孩子小的时候离开孩子，外出挣钱，说要给孩子最好的条件，等孩子再回到自己身边的时候，孩子已然不是自己想象的那个样子了。

再苦再难，请留在孩子的身边，用自己的行动给他解开一个个人生困惑。

当孩子问起我们家是不是很穷时，父母对人生积极乐观的态度、对贫富坦然的心态就是最好的回答。

隔代教育中，谁是最适合照顾孩子的人

1

其实关于隔代教育，真的不好写，因为稍不留心就会伤害到一些老人。

比如我在小区散步，经常会遇到一位奶奶或抱着或推着自己的小孙女，小孙女应该只有半岁的样子。有一次我小心地跟在她们后边，听到孩子在前面哇哦哇哦地叫唤，奶奶温和地走上前，笑眯眯地问宝宝："你怎么啦？看到什么好玩的啦！"然后小宝宝就在那儿兴奋地蹦跶着。

那一幕真的很温馨，和蔼可亲的奶奶、快乐的孩子，这是我们常常希望见到的。

所以你说这样的老人带不好孩子，说隔代教育不好，我想老人听到后会很伤心的。

2

可是，一直以来都有妈妈给我留言诉说自己家隔代教育的烦恼。

在隔代教育里，又分为两种。

一种是父母和老人在一起养育孩子。父母上班，老人带；父母下班回家自己带，老人起一个辅助的作用。

还有一种是老人把孩子从父母身边带走，肩负着全部的养育责任。

而后一种造成的问题明显会高于前一种。

所以，当有妈妈们问我："孩子能不能给老人带回去？"

我的回答永远是："不到万不得已的地步，还是把孩子留在自己身边吧。"

"那把老人接过来带孩子呢？"

"如果自己能带，还是自己带。如果没办法的话，看看老人的意愿，还有看合不合适。"

因为老人帮忙带，总是有一些问题你无法想象。

前段时间跟一位妈妈聊天，她说自己几乎快崩溃了。

因为婆婆怕小两口带不好孩子，一定要留下来照看，要么就要把孩子带走。

她几经权衡，还是让婆婆留下来，因为她不想让两岁的孩子离开自己。

但是婆婆带孩子总会有问题，特别是孩子大一些之后，婆婆身上的问题更加让她坚定了自己带的想法。

孩子几个月大的时候，主要是要大人照料吃喝，哄睡陪玩。

那时候婆婆的经验丰富，真的能帮很大的忙。

可是当孩子快两岁的时候，不管他要什么，奶奶马上就满足。

他一见到妈妈，就会要妈妈的手机玩，给他手机了，老人还在一旁说："小宝真聪明，这么小就会解锁手机，还会点点点。"

倘若不给，儿子就会大哭大闹。

这时奶奶就会数落："你就给他玩下也没事啊！现在的小孩都玩。"然后把自己的手机递给孙子。

所以，这个妈妈眼睁睁看着孩子被奶奶惯出了越来越多的坏毛病。

孩子见到哥哥姐姐就揪头发，奶奶还欢呼着小宝力气大，还说哥哥姐姐要让着弟弟。

3

有一个现实一定要看清：在隔代教育中，并不是每位老人都适合照顾孩子。或者说，老人不是在孩子成长的每个阶段都能胜任的。

比如有的老人身体吃不消，那肯定不能牺牲老人的健康来照顾孩子，或者一个老人照顾四五个孩子，你觉得能照顾得过来吗？

还有一种情况是老人不适应带孩子，天天闷闷不乐，这样的状况是养不好孩子的。

还有一种是老人脾气暴躁，情绪的波动会影响孩子情绪的发展，甚至有的过激情绪还会影响到孩子的心理发展。

前几天带孩子在公园玩的时候，突然听到路边一个老人凶巴巴地大喊着："赶紧给我过来，还不过来啊！我数到三。"

她近乎歇斯底里地朝着两个五六岁的男孩喊着，两个孩子正在喷泉的矮栏杆那爬着。

"还不过来啊！快点！你个说不听的猪脑子啊！没看到危险啊！"一边骂着，一边还端着自己的手机。

其中一个孩子乖乖地走了过来，这时老人的气才顺一点，但还是在那数落孩子的不是。

而被骂的孩子一声不吭，一直低着头。

后来我带儿子玩广场的机器人车，那个孩子就一直跟着。

我提醒他说："小朋友，不要靠得太近，会有危险哦！"

没想到那个孩子一听到我说，马上就低着头，好像自己做错了事一样。

"没关系！我是怕你被撞到。"

可他还是怯生生地站在那里，就好像刚刚被奶奶骂时的样子。

所以，当老人不适合带孩子的时候，那就一定要做好准备自己带。

4

如果因为种种原因，孩子一定要老人帮忙带的话，这里给大家几点建议：

第一，在一个家庭里，每个人都要找对自己的位置，明确分工，一起配合。

比如老人的定位只是帮手，不能全包，教育孩子的责任还是要放在孩子的父母手上。

而父母也要努力承担这份责任，而不能把孩子给老人后就不管不问。

所以当父母在管教孩子的时候，老人不能干涉甚至唱反调。

记得儿子快两岁的时候，在奶奶家，他吃饭的时候就是自己坐着，等着奶奶喂他。

我说要他自己吃，因为他已经会自己吃了，为什么还要喂呢？

这时儿子就看一眼奶奶，然后我妈就接话了："喂一次又没事，你看别人家的，哪个不要喂，他们还追着喂，你儿子还好，能乖乖地坐着吃。"

"自己能做的事还是要自己做的。"

"你怕他以后不会自己吃饭？你小时候不也要喂？"

话说到这个份上，基本就说不下去了。

我就等着她喂完那一顿，然后找她好好谈了一次："当我管教他的时候，能不能不要说话，让我做主？因为这样做的话，我的话他不会听。而且定好的规矩等于没用，以后怎么定规矩呢？”

这时我妈也许觉得我说的有道理，之后就忍住不说话。

有时看我惩罚孩子的时候，她也想插手，我便要她去另一间房子先看看电视，别管这边。

其实，先划清这些界限，明确责任，就能减少很多麻烦。

第二，要尊重孩子的父母。

一些新手爸妈，刚刚有了孩子，几乎不知道怎么照顾孩子。

所以老人在最初的时候就来帮忙，给年轻的爸妈传道授业解惑。

但是，如果孩子的爸爸本身没有独立起来，心理上还是奶奶的乖宝宝的话，这个家庭就会出现问题。

因为相当于老人多养了一个“孩子”，而孩子的妈妈夹在中间就会特别难受。

因为她想做自己的主，做孩子的主，可结果很多事要听老人的。

于是，年轻父母和老人的养育观念就出现了对抗。

你说不要给宝宝吃盐，因为会加速钙质流失，可是老人说要吃盐，孩子才有力气。

在这个微妙的关系场里，孩子爸妈越独立，越成熟，就越能处理好这个关系。

所以，年轻的爸妈要努力学习，去做合格的父母。而老人也要给新手父母成长的时间，千万不能当着孩子的面说他的爸妈不好。

我发现很多老人喜欢开玩笑："妈妈好坏，上班到这么晚，还不回来跟宝宝玩。"

这样一句玩笑话却很容易让孩子当真。

为什么不能说："妈妈真辛苦，宝宝长大了要给妈妈捶捶肩膀。"

一句话产生恨，一句话产生爱，爱恨全在一念之间。

如果孩子对自己的父母产生了恨，那么只会推开父母，亲近带自己的老人。

可孩子接下来的教育，老人未必吃得消，而那时父母却无法融入。

因为孩子跟父母心生间隙，不会听从父母的教诲。

要记住老人只是帮忙带孩子，教育孩子的重任还是把他们带到这个世上的父母，谁也不能取代。

第三，尊重和理解老人的想法、意愿。

为什么呢？因为老人有自己的生活。

很多人劳累了一生，总是说老了能好好休息，可是结果却是更为劳累。

其实，很多老人是愿意沟通的，就是怕成见太深，沟通的路被堵住了。

朋友上次跟我说，他的妈妈在哥哥家帮忙带孩子，被气哭了很多次。

有一次是因为孩子不小心从床上翻下去了，当时孩子的爸妈赶紧心疼地抱起孩子，而孩子爸爸却朝着奶奶大吼了起来，埋怨她是怎么看孩子的。

看到儿子这般态度，老人越想越委屈。

因为孙儿也是自己的宝贝，跌落下去，自己比谁都心疼，可还是要被骂。

虽然儿子后来道歉了，可老人心里还是委屈。

自己本来有一份清闲的工作，可以自由自在地跟朋友们聊天、买菜、打打牌，可是现在每天的工作就是带娃。

自己的孙子自己带，看上去也是天经地义，可孤独和委屈又有多少人懂得呢?

还有很多父母指责老人撒谎、爱玩手机、爱发脾气等，其实这些问题，我们身上又何尝没有。

对老人的缺点，能包容的尽量包容。

如果真如前文说的老人不适合带孩子，那就想办法自己带，要好好说话。

不管如何，要好好对待那个为你带孩子的老人。

5

如果你问，这世界上有隔代教育的最佳方案吗?

我觉得没有。

生孩子前，一定要考虑好，特别是那些生好几个，自己却无力好好抚养的父母。

持着一种广撒网的心态来生孩子，到头来真的会害了这些孩子。

犹太人的父母从来不帮自己的子女带孩子，他们认为如果你要生一个孩子，你必然是想生、想好、想透了，那么必然知道如何平衡工作与带孩子之间的矛盾。

所以，孩子还是要自己带，至少要以自己为主参与孩子的教育。

想想看，办法总是有的。

让孩子爱上阅读，千万别错过这三点

1

前几天，一位儿子正在读中学的妈妈给我留言说：“儿子天天沉迷在网络游戏中，有没有什么办法可以让他爱上阅读？”

其实面对很多中学孩子妈妈的求助，我常常感到手足无措。

因为孩子到了中学阶段，很多的行为习惯已经养成了。

爱阅读的孩子，早已经博览群书，甚至要超过很多成年人的阅读量；而没有阅读习惯的孩子，你想让他静下心来阅读一本书，真的很难。

正如同孩子的成长有关键期一样，阅读也是有关键期的。

在谈关键期之前，先耐着性子听一个故事和一个人的经历吧。

故事是这样的：有一次，几十位诺贝尔奖获得者在一起聚会，一位西方媒体记者问其中一位获得诺贝尔奖的科学家：“请问您在哪所大学学到了对您来说最重要的东西？”这位科学家平静地回答：“在幼儿园。”

“在幼儿园？”记者显然对科学家的回答感到诧异，但仍故作镇定地问："在幼儿园学到了什么？""学到了与小伙伴分享，不是自己的东西不要拿，物品要摆放整齐，做错事情要道歉，仔细地观察大自然……"科学家认真地回答道。

一位诺贝尔奖获得者，居然说在幼儿园学到的东西对自己一生影响最大，简直就是矫情嘛。这真的是在赚取眼球作秀吗？

接下来的这个人就更牛了。

莫言——第一个获得诺贝尔奖的中国人，他的成就是可以载入史册的，是一个奇迹。

我曾关注过莫言先生的一些经历，从中发现了一个事，那就是莫言先生读书多，特别是儿童时期，他喜欢读闲书，整个青少年时期，一刻也没停着，一直在读着。

莫言小学时便经常偷看"闲书"，包括《封神演义》《三国演义》《水浒传》《儒林外史》《钢铁是怎样炼成的》等等，那个时候应该能看的书都被他给看了。

莫言在小学五年级时就辍学了，然后就开始了长达 10 年的农业生产。"文革"期间他无书可看时，就读《新华字典》，后来读《中国通史简编》，之后就背着这套书走出家乡。

事情就这样结尾了吗？

不是的，如果这样，他应该不会成为诺贝尔文学奖获得者。

1976 年，莫言加入中国人民解放军。在部队担任图书管理员期间，莫言阅读了大量的文学书籍，将图书馆里 1000 多册文学书籍全部都看完了。

看到这里我就傻眼了，文豪就是这样炼成的吧！

第一个诺贝尔获得者告诉我们：趁早培养孩子的习惯比一切都重要；第二个诺尔贝获得者告诉我们：童年时期保持的阅读习惯能造就奇迹。

当父母有了这样的认知，才能真正引导孩子爱上阅读。

2

让孩子爱上阅读，一定要有重视阅读的父母。

因为孩子最初的世界是父母一点点帮他一起打开的。

培养孩子阅读习惯，最重要的因素是什么？

答案肯定是家庭的读书氛围和父母的以身作则。

40 多年前，美国的阅读推广人吉姆·崔利斯在《朗读手册》一书扉页上，写下了几行诗：

“你或许拥有无限的财富，
一箱箱的珠宝与一柜柜的黄金，
但你永远不会比我富有，
我有一位读书给我听的妈妈。”

这句话激励了一代美国人，让妈妈们坚持给孩子讲睡前故事。

当父母真的重视了阅读，家里的氛围都会改变。

在一个家里，如果没有书、没有爱读书的人，那么这个孩子是很难爱上阅读的。

假如你只对电视剧或手机感兴趣，自己很浮躁，却拿忙作借口，不肯静下心认认真真地读点书，那不要怪孩子不阅读，先反省自己。

而如果父母爱好阅读，那么家庭必然会有很好的阅读氛围，这是引导孩子爱上阅读的最好的方法。

爱读书的父母，教出的孩子一定是不一样的。

因为爱阅读的父母与不爱阅读的父母，在自身的修养与情商方面有巨大的差距，而这种差距将会更明显地体现在下一代的教育上。

父母的思维方式与修养，在不知不觉中影响甚至决定着自己的孩子。

坚持亲子阅读，还能给父母带来很多额外的福利。

比如激发父母的学习能力。

有时我遇到儿子问的专业问题，真的需要查很多的资料才行。

常年积累下来，能让自己保持这种学习能力。

而且阅读的过程中，父母们还能从孩子的角度，发现很多绘本之美，感受生命之美，还有各种有趣的或者哲理性的收获。

3

让孩子爱上阅读，一定要有一个属于孩子的书架，上面放着属于他自己的书本。

千千万万个家庭大概可以分为两类，一种是有书的家庭，还有一种是没有书的家庭。

孩子的教材不能算，杂志、报纸都可以算，但就算是如此，很多的家里还是一本书或是一份报纸都没有。

这样的家庭就算再富裕，孩子的精神世界还是会贫穷，他们的童年会变得失色。

还记得我们小时候，村里人都不富裕，可是有一户人家却藏着很多书，所以我们这些小书虫常常去他们家借书。

后来他们家的几个孩子都考上了大学，家风如此，孩子不优秀都难。

所以我常常跟一些朋友说，一定要给孩子准备一个专门的阅读角。

哪怕你暂时住在租来的房子里，也要整理出一个这样的地方，就像尊重神龛一样，一定要重视这个读书角的布置。

让孩子在童年这个最适合读书的阶段，尽情地去读。

适合孩子看的书尽可能摆放在孩子触手可及的地方，这样便于孩子随时翻阅。

因为很多东西，错过了之后，就只能留着遗憾。

我如今有一个遗憾就是当年没有好好地把金庸全集读完。

前段时间突发奇想，读了《侠客行》，故事很精彩，却找不到少年时读金庸的味道了。

儿童文学作家格雷厄姆·格林说："或许只有童年读的书，才会对人生产生深刻的影响……孩提时，所有的书都是'预言书'，告诉我们有关未来的种种，就好像占卜师在纸牌中看到漫长的旅程或经由水见到死亡一样，这些书影响到未来。"

真的如此，我们童年里遇到的、看到的、听到的东西，就会印刻在了心间，一辈子都会记得。

而童年错过了，就真的错过了，用一辈子时间都找不回来了，甚至会成为一个人一辈子的遗憾。

所以，我鼓励儿子阅读他喜欢的书，不要太顾忌，尽情地去享受最好的阅读时光。

4

让孩子爱上阅读，一定要每天安排一个固定的阅读时间。

这个固定的时间不是说一定要在中午或者是晚上，而是每天15~30分钟的阅读时间。

美国著名阅读研究专家吉姆·崔利斯说："每天朗读15分钟是美国教育的秘诀。"

这15分钟看上去很短，微不足道，可是真正坚持下来后，得到的远远不是15分钟这个数字，而是一个阅读习惯，一种对知识的追求和渴望。

当孩子拥有了这种热情之后，学习就会变成自觉的行为。

当所有的孩子都拥有这样的热情之后，整个国家又会迈进多少呢！

当然，对孩子而言，有时亲子阅读并不全是为了阅读，而是为了享受这种有爸妈陪伴的感觉。

因为亲子阅读中，父母要全心全意地投入，要放下工作，要放下手机，孩子当然喜欢这样的时刻。

在阅读的过程中，我们可以轻轻地抱着孩子，看着他们的眼睛。

读的时候不要按照自己的想法，要看到孩子的情绪和故事情节。

不要说教，可以跟孩子讨论一下，或者一起想象一个新的故事结局。

可以鼓励孩子去复述自己熟悉的故事，让他从阅读中获取成就感，建立自信。

我们常常说要高质量地陪伴孩子，我觉得没有什么比亲子阅读能称之为更高质量陪伴的了。

因为这需要父母投入时间和精力，还要投入感情和爱。

不能因为孩子一时的不配合或是因自己的不耐烦就轻易放弃，那真的很可惜啊。

亲子阅读路上，一起加油吧！